転職に向いている人 転職してはいけない人

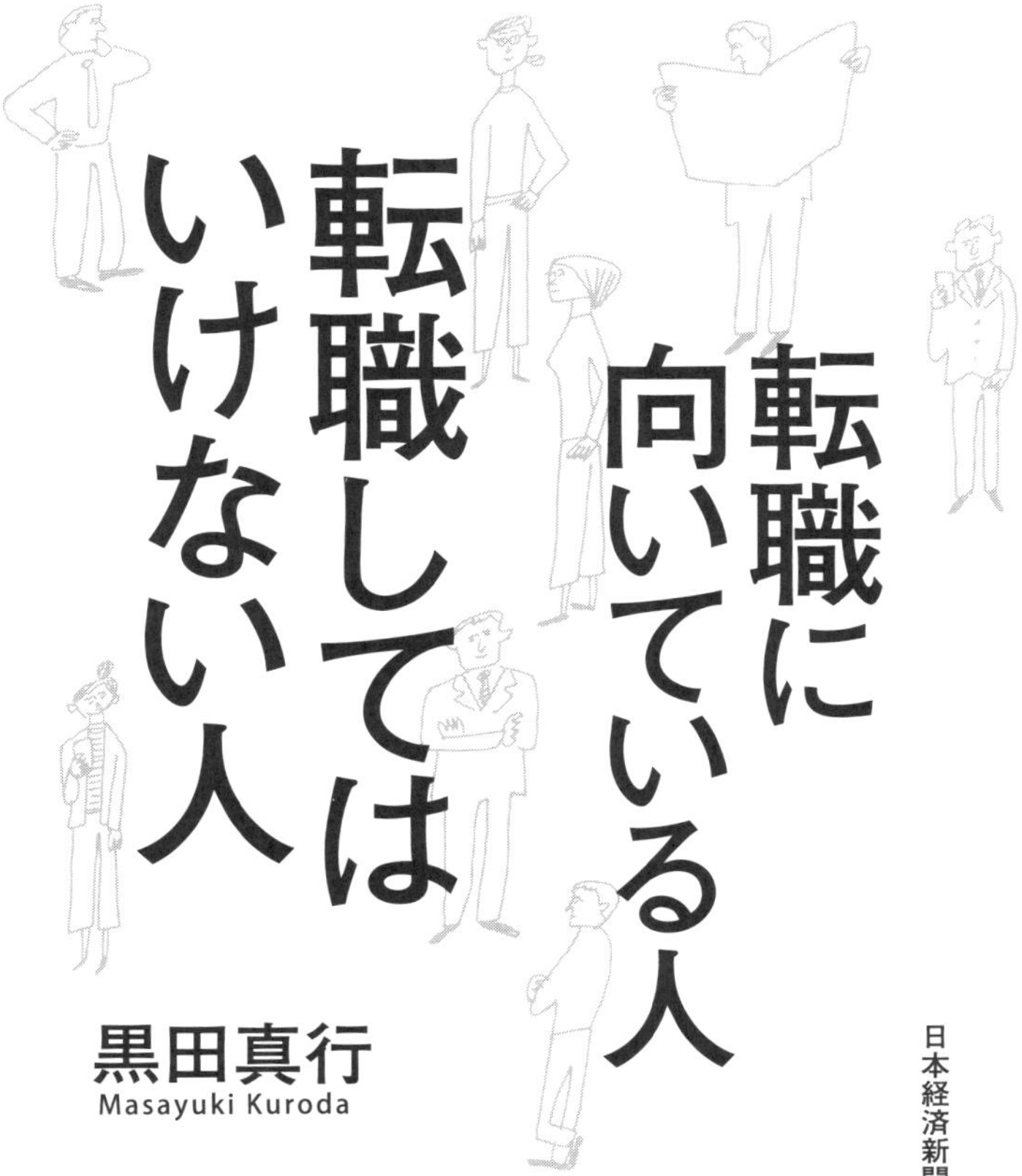

黒田真行
Masayuki Kuroda

日本経済新聞出版社

まえがき

「生きている時間」に占める「働いている時間」の割合は3割前後（1日当たり8時間前後として）だといわれています。仕事への満足度は、人生そのものの満足度に対しても、非常に大きな影響度を持つものだと言えます。

「就職」という仕事人生のスタートから「リタイア」という仕事人生の終わりまでの限られた時間で、どれだけ満足のできる仕事ができるかということは、誰にとっても年齢を重ねるほどに重要度が増していくテーマだと思っています。

バブルが始まる直前の１９８７年、転職（企業から言うと〝中途採用〟）に関わる仕事を、私はリクルートの神戸支社からスタートしました。「Ｂ－ｉｎｇ」「とらばーゆ」といった週刊誌型の求人情報誌の求人広告制作スタッフとして、この業界でのキャリアをスタートさせました。

そこから30年以上経過した現在まで、幸運なことに、転職サイト「リクナビＮＥＸＴ」の編集長（２００６年から２０１３年の8年間）や、大手転職エージェント会社・リクルートエージェントの企画責任者など、長期にわたって「人と仕事」が出会う転職市場に関わる仕事をする機会をいただきました。

リクルートという大組織の中で、1週間に100万人を超えるユーザーが利用する転職メディアや、年間で何万人もの転職成功を生み出す転職エージェントのマーケティングや機能開発の仕事に携わってきて、過去30年で間接的に関わってきた転職検討者は膨大な数になります。

自分たちが生み出してきた成果に貢献できたという思いもある一方で、それ以上に、もっともっと適材適所が実現できるマッチング手法の開発や、女性や障碍者といった、まだまだ活躍機会を十分に広げられていない領域など、期待されている進化を生み出せていないもどかしさも感じてきました。

そんな想いを持ちながら、2014年にリクルートを退職、実力に関係なく年齢だけで不採用になりがちな〝35歳以上のミドル世代〟専門に転職支援を行う「Career Release 40（キャリアリリース40）」という職歴打診型の転職支援サービスをスタートさせました。

このサービスは、求人ありきの既存の転職サービス（企業向けの採用支援サービス）

とは真逆で、登録いただいた方の豊富なキャリア（匿名の職務経歴）を、潜在的に〝いい人材がいれば出会いたい〟と考えている経営者3万人にダイレクトに提案していく、個人側に立脚したサービスです。おかげさまで徐々に、求人起点のサービスでは考えられなかったような人と企業の出会いが増えつつあります。

大袈裟に言うと、「求人がなければ転職サービスは始まらない」というこれまでの常識を破ることに挑戦しているサービスなのですが、これと同じような白地は、実はまだまだ多く潜んでいると考えています。

転職ノウハウのような情報提供においても、じつは同じような課題を感じています。

- **世の中では当たり前と思われているが、本当はすでに時代遅れになっている常識があるのではないか？**
- **採用する側に都合のいい情報ばかりがあふれているのではないか？**
- **転職サイトや転職エージェントが、それぞれの立場や都合で発信していて、伝えたい情報と伝わるべき人に行き違いが生じて混乱していないだろうか？**
- **そもそも転職の手段というレベルを超えた客観性のある情報が少ないのではないか？**

私自身、過去30年にわたって「人と仕事」の出会いに関わり、今も多種多様な方々の転職相談をさせていただく中で、少なからず失敗や成功の事例を直接お聞きしてきました。

本書では、その経験を通じて知り得たことがらの中から、「いかに自分が機嫌よく働いていけるか」という目的実現のために、「手段としての転職」を納得感の高いものにするために知っておいていただいたほうがよい情報をまとめました。

いつか仕事をリタイアする日、ご自身の仕事人生を振り返る時に

「この仕事をしていて本当によかった」

「自分なりに自分にしかできない価値を発揮できた」

「多くの人に喜んでもらえて幸せだった」

と思っていただくための情報を、できる限り本書に詰め込んだつもりです。

なお、本書執筆にあたっては、多数の方々にご協力をいただきました。ミドル・シニア世代6000人以上の転職支援を続けてこられた株式会社リクルートキャリアの柴田教夫さん、株式会社リクルートエグゼクティブエージェントのヘッドハンターで

各領域のスペシャリストである中村一正さん、渡部洋子さん、山室広幸さんに貴重な取材のご協力をいただきました。また、本書のきっかけとなった日経新聞電子版「NIKKEI STYLE」で2016年以降、一緒に連載執筆に関わっていただいている株式会社リクルートエグゼクティブエージェント代表取締役の波戸内啓介さん、伝説のヘッドハンターとして活躍されている、同じくリクルートエグゼクティブエージェントの森本千賀子さんのお二人にも多大な情報提供をいただきました。

いつも締切に遅れがちな私を叱咤激励していただいた鬼の編集者、日本経済新聞社の水野泰広さん、本書の刊行にあたって長期的に多大な尽力をいただいた日本経済新聞出版社の平井修一さんにも心より感謝しております。

2017年5月

黒田　真行

目次

第2章 転職に向いている人・向いていない人

第3章 転職を真剣に考える人のためのガイドマップ

第4章　転職先の見つけ方・選び方　111

第5章 転職活動を成功させる方法 143

第6章　転職後に成功する人の共通点

本書は日経電子版NIKKEI STYLEに連載されている「次世代リーダーの転職学」を大幅に加筆、再構成し、書籍化したものです。

第 1 章

転職を決断する前に知っておいてほしいこと

❖退職を決める理由は、やっぱり給与や労働条件？

転職活動をした人（正社員）に「なぜ前の会社を辞めたのか？」を聞いた調査によると、退職理由のTOP5は下記の通りでした。

1位　労働条件（勤務地・労働時間など）への不満　29％
2位　賃金への不満　28・7％
3位　仕事内容への不満　27・9％
4位　人間関係への不満　26・6％
5位　会社の将来性・安定性への不満　22・7％

（リクルートワークス研究所「ワーキングパーソン調査2014」）

「もうこれ以上、残業が続くのは嫌だ」「今の年収ではやっていけない」「この仕事は、やっぱり自分に合ってない」「この上司とは、もう一緒に仕事できない」かなりネガティブな心の叫びが聞こえてくるような内容です。

キャリアアップとは言っても、実際には「今よりもっといい会社へ」というより「今目の前のマイナスを解消したい」という〝痛み〟が、多くの人の転職のきっかけになっていることがよくわかります。

どこまでいけば〝痛み〟を感じるのかの基準は人それぞれですが、健康を維持できないような労働時間や、あまりに低すぎる賃金では、たしかに転職したくなる気持ちが生まれても仕方がないことだと思います。

そして実際に転職をした人に、満足度を聞いた結果が以下のデータ。

○　転職をしてよかった　58・5％

△　どちらとも言えない　29・6％

×　転職に満足していない　11・9％

約6割の人が、無事に〝痛み〟をクリアし「転職してよかった」と回答しています。

特に企業の採用意欲が旺盛で、いわゆる「超売り手市場」になっている現在の市場環境では、転職先の選択肢も豊富にあるので、年齢やスキルさえ合えば、かなり満足度の高い転職ができるという状況が見て取れます。しかし、この結果にたどり着くまでには、大きな壁がいくつか存在しています。

❖ 孤独な転職活動は、企業選びの軸を定めにくい

学生時代の就職活動と社会人の転職の最大の違いは、みんなが横一線で活動するか、たった一人での活動か、という点です。

「自分が辞めようとしている気持ちは本当に正しいのだろうか？」
「会社や上司に退職をどう切り出せばいいのか？」
「退職してから活動すべきか？　転職先が決まってから切り出すべきか？」

新卒採用の就活は、たくさんの同級生や同世代の仲間が同時期に活動していて情報収集もしやすいのですが、単独で行動するしかない社会人の転職は、特に孤独を感じ

やすく、情報も集めにくいのが実態です。もう少し正確に言うと、「情報量自体は、転職サイトやエージェント、クチコミサイトなどでそれなりに手に入るが、何をどう判断すればいいかわからない」ということかもしれません。

特に、仕事探しは、家探しや婚活などと同様に、人生にとって重要な選択であるがゆえに数多くの条件によって構成されています。

家探しをしていて、いくつか物件を見ていくと、広さ、間取り、日当たり、沿線、駅徒歩○分、買い物利便性、通勤時間、家賃など、比較検討する要素が多すぎて迷ってしまうのとまったく同じように、仕事探しにおいても、仕事内容、給与、休日、労働時間、企業風土、社内の人間関係、通勤時間、会社の安定性・成長性といったように多くの条件が、それぞれ変数となって複雑に絡み合うことになります。

住宅の場合で言えば、「犬を飼っているからペット可のマンション必須、通勤30分圏内で決める！」とか、「家賃10万円上限で山手線○○駅から徒歩10分圏内！」などという決め方をすると基準が明確で決めやすいのですが、〝絶対にはずせない条件〟や〝重視する条件〟が決まっていないと、いつまでたっても目移りばかりして永遠に引っ越し先が決まらなくなります。

会社や仕事を選ぶ際にも、これとまったく同じことが言えます。

とはいえ、仕事選びの際に重視される決定的な要素は、大きく括ると5つに分類できます。

① 給与（月収・年収・賞与・インセンティブなどが希望水準か？）
② 条件（勤務時間・勤務地・休日休暇などが自分に合うか？）
③ 経験・スキル（経験やスキルがマッチしている仕事か？　できそうか？）
④ 会社の魅力度（人間関係や風土、ノリが合うか？）
⑤ 仕事の魅力度（仕事で得られる結果や仕事のプロセスにやりがいを感じられる仕事か？）

自分という人間は、仕事をして行く上で一体何を大切にしたいのか？　どんな環境でどんな働き方をすれば、まず最低限、気持ちよく働いていけるのか？　ということを、せめてこの5つの要素の中で優先順位をつけるだけで、かなり決めやすくなるはずです。100点満点の重視度配点を持って、重要な項目の配点を高く、そうでないものの配点を低くするようにして振り分けてみてください。

❖自分の軸が決まれば、活動量が成否を決める

なんとなく自分の軸（モノサシ）が決まってきたら、あとは行動あるのみです。

特に就業しながらの転職活動の場合、活動できる時間が非常に限定されます。仕事が終わってまっすぐ家に帰っても、寝るまでの数時間を使えるかどうか、という方が非常に多い。また、それだけ自由な時間が減るため、半年以上も継続していると疲れてくるという側面もあります。

また、求人情報はフロー情報なので、絶えず新しく発生したり、採用が決まって募集終了になったり、を川の流れのように繰り返しています。自分が活動できる期間内に、自分に合う仕事を見つけるためには、相応の活動量が非常に重要な要素になっています。

その人にとって１２０点くらい相性の良い仕事が、転職活動を始めた前日に締め切られた、などということが現実に無数に起こっています。ある求人が気になって「と

りあえず候補」としてブックマークしておきながら、「ほかにもいい会社があるかもしれない。もう少し求人情報を探して比較検討してみよう」と思って数日後たつと、その時には当該求人は終了していた、というようなケースは、本当によく見かけます。

業界・地域・仕事など、中途採用市場の増減や特徴によって大きく異なりますが、求人1件当たり平均約30人の応募がある＝自分以外に29人のライバルがいる、と考えると、「応募したら必ず書類選考に通過するわけではない」ということは大前提です。そんな競争下で、ブックマークしてわざわざ時間を経過させるくらいなら、まずは応募して、少なくとも手を挙げておいたほうが間違いなく得策です。言い方が少し乱暴になりますが、「比較検討してから応募する」のではなく、「気になったらまずは応募して、書類選考通過後に吟味する」という方法が最適だと考えています。

仕事選びは、自分の人生にとって、収入面だけでなく、精神面においても本当に大切です。だからこそ貴重なチャンスを見逃すことのないように進めてください。

❖真の転職理由はアンケート調査では見えてこない

前述した「転職理由アンケート」がある一方で、実際に転職支援の仕事でお会いする方々からお話を聞いてみると、アンケートの回答とは異なったリアリティーやニュアンスを直接感じることが多いのが現実です。

転職という行為そのものが、個人にとってきわめてプライベートな色合いが強いイベントであるため、マスマーケティングの手法で抽象度高く回答を集計してしまうと、個別の背景事情をつかめなくなるからだと考えています。特に「なぜ転職するのか？」という理由は、「できるだけポジティブに考えておいたほうが、転職が円滑に進むだろう」という心理の働きもあり、表層的な回答が上位になりやすいという側面もあります。

しかし、その裏に隠されている、一人ひとり異なる転職理由が、じつはその後のキャリア構築や仕事人生の満足度に大きな影響を及ぼします。転職理由を大きく３つのタイプに分けて、それぞれの傾向を説明していきたいと思います。

❖ 卒業型　離職満足度が高い円満退職。理想的だが出現率は低い

1つ目のタイプは「卒業型」。

「この会社でやるべきことはやり終えた」
「ちょうど区切りのいいタイミングなので後進にポジションを譲った」
「ここでは身につかないことを経験するために、居心地のいい会社から転身する」

などといった転職理由が典型的です。

送り出す会社側に惜しまれつつも、しっかり折り合いがついており、時間をかけて十分な引き継ぎ期間を設けているなど、円満退職率が高いパターンです。ご本人としても、「会社が嫌で辞めるわけではない」「育ててくれた恩義は感じている」など、退職はするものの、離職時点での満足度も高い、理想的な別れ方と言っていいかもしれません。

総じて、20代や30代前半までの若年層や初めて転職する方に多く、退職後も個人的なつながりが残りやすい傾向があります。ただ、辞める側・送り出す側が両方満足する「卒業型」の出現率は低く、会社の風土や経営者・上司の考え方、経営環境、時代環境など、いくつかの要素が重なりあう必要があるようです。

このパターンで転職する人は、心理的余裕があることも影響するのか、たとえば自分の人脈経路で転職先を選び、自分にとって満足度の高い転職をする割合や、結果的に転職先でも早期に活躍を始める傾向があります。

❖ 逃亡型　自己防衛か？　忍耐不足か？　タイミングの判断がきわめて難しい

２つ目のタイプが「逃亡型」。

「あまりに過酷な労働条件で心身ともに疲れ果てた」
「パワハラの常態化によりメンタルに影響し、頭痛や疲労感をもたらした」
「会社の業績降下とともに雰囲気も悪くなり、戦略も支離滅裂になってきた」

といった会社事情に起因する転職理由です。

残念ながら、程度の差はあれど、もっとも出現率が高いのがこのパターンで、中堅社員以上のベテラン層になるほど多くなる傾向があります。常態化した長時間残業や、パワハラの横行、もの言えぬ風土など、心身に異常をきたすような環境から、一刻も早く自己防衛として退職すべき事例もあれば、「後から思い返すと、自分の辛抱が足りなかった。当時の上司に言われていたことは今思うとすべて自分を思いやってのことだった」と後悔するような〝早すぎる逃亡〟も混在しています。

いずれもタイミングの見きわめが非常に難しく、自己防衛のために早く脱出すべきところを我慢しすぎて身体を壊してしまったり、あるいは本来であれば踏ん張りどころの壁でしかなかったものを、早合点しすぎて転職を繰り返してしまい、もったいないことに、つながるべきキャリアパスが断絶してしまったり、というケースもあります。

ときには転職理由をヒアリングしている最中に、上司や会社への愚痴や批判が止まらなくなって、白昼に居酒屋談議を延々と聞いているかのような錯覚に陥ることもあります。転職相談とはいえ、あまりに激しく非難が続く場合は、すでに健康な状態を取り戻せないくらいに関係性が悪化していることも多いので、まずは転職活動を進めながら、二度とそういう事態に陥らない方法を並行して整理していただくようにしています。

あまりにもこじれ方がひどい場合は、面接での回答にも恨み節の気持ちが表れてしまい、転職活動が長期化してしまいかねないので、精神衛生的にも経済的にも、できればそこまで進展する前に手を打っていただきたいと思っています。

❖ 脱藩型　理念や方針への違和感が、会社との距離を決定的にする

3つ目のタイプが「脱藩型」。

「M&A（合併・買収）で経営陣が刷新してからの経営方針にどうしても共感できない」

「中途半端な状態での事業撤退に納得できない。会社を変えてでもこの領域で勝負を続けたい」

「全社的なリストラをきっかけに、会社を立ち上げることにした。優秀な部下がついてきてくれたことと取引先の協力で、なんとかしのげる体制をつくることができた」

というように、経営戦略への齟齬《そご》や、理念・ビジョンなど事業の上流レイヤーでの違和感がきっかけとなって会社と決別するパターンです。

もともとは会社へのロイヤルティーが高く、実力も評価も高い人が、自分の信念や職業的なプライドを守るために、やむなく別れを告げて別の道を行く、というケースが典型的です。

会社への忠誠や愛着よりも、自分の中の信念や正義感を重視するという自立心や自尊心が高い人が多く、20代後半から50代のエグゼクティブ層まで、年齢的にもかなり幅広く分散しますが、出現率自体はきわめて低いパターンでもあります。転職や企業が成功するかどうかはともかく、心の中に常に刀を持っていて、いざというときは自分が長年愛着を持っていた会社であっても抜刀する、という自立心の強さが原動力になっています。

ご本人が抱いている戦略や考え方に合理性が備わっている場合は、当然、顧客や従業員からの共感を勝ち取る可能性も高く、逃亡型転職よりも圧倒的に高い確率で、満足度の高い転職や起業を実現されるケースが多い傾向があります。

❖本当に重要なのは、転職に向き合う心理態度

冒頭で書いたように、転職支援を始めるにあたり私自身が心がけていることとして、単純に「転職理由は何ですか?」という質問ではなく、「何のために会社や仕事を変えようとしているのか?」という質問をするようにしています。一番の理由は、なぜ転職することになったのか? なぜやめようと考えているのか? という表面的な理由を聞くよりも、転職の目的や心理的態度を聞くことが重要だと考えているからです。

極論すると、「転職を考えるきっかけになった理由は何か?」ということよりも、「何のために仕事をしているのか?」を知ることのほうが、仕事に対する自尊心や向き合う姿勢、「自分自身の仕事人生をコントロールする主導権を、自分自身が握っているのかどうか」を把握しやすいからだと言ってよいかもしれません。転職支援サービスをする側の立場として、この違いを押さえておくことは、お勧めする転職先を選択す

る上で、採用する側が迎えたい人に求める期待値とすり合わせるためにも非常に大きな要素となってくるからです。

働く個人にとって、会社や組織、ポジション、年収などの条件は非常に重要な要素ですが、それらの外形的条件に依存することよりも、自分自身が仕事人生の主導権を持って働けるかどうかのほうが、人生の満足度の高さに直結する重要な要素だと考えています。

転職するべきか? とどまるべきか?

リーマン・ショック影響が和らぎ始めた2009年以降、全国の求人情報会社の媒体に掲載されている求人件数は前年比で増加を続け、2017年現在で実に8年以上、前年比アップが継続している状況です。足元の景気が良く、市場に人手不足感が強いため、転職を考える人には強い追い風が吹いている状況です。過去に登録した転職サイトから届くメールマガジンや電車の中吊りの転職フェアに、気になる社名を見つけて転職を考える人も増えているかもしれません。しかし、だからと言って、特に

35歳以上の方には安易な転職は決してお勧めしません。転職市場では、35歳を超えた瞬間から、過去の転職回数はかなりの重荷になってきます。また、この求人状況の好調は決して永続的なものではありません。だからこそ、本当に転職が必要になった時のために可能性はできるだけ多く担保しておいていただきたいと思います。

大前提として忘れてはいけないことは、どんな会社に転職したとしても、希望条件が100%揃うことはまずあり得ないということです。まして、新卒で入社して、自社の中での交流や情報しかないとなると、世の中の相場観と比較することが難しく、判断が独りよがりになりがちなことも多くなります。同業種の中では比較的年収が高いほうだった、とか、退職した途端に上司が異動して職場の雰囲気がよくなっていた、とか、「こんなことなら辞めなければよかった」と思うような事態はできるだけ避けていただきたいと思います。

❖転職を決断する際の3つの判断基準

「転職をするべきか？　今の会社のとどまるべきか？」という問いに、正解はありまん。個人個人の価値観や判断基準に従って、どちらにしても自らの意思で決定するき話です。ただ、迷ったときに判断のモノサシになる基準値はいくつかあります。

①「自分らしさ」を失ってしまう場所かどうか？

特に、人間関係が理由になるケースで多いのですが、このまま会社に残ることで、精神面での負荷が、自分らしさを失ってしまいそうになる、という場合は、少しでも早い転職をお勧めします。職場・仕事は生活のために重要不可欠なものですが、健康を失ってまで頑張ることは、まさに本末転倒です。自ら努力した上で改善の可能性がなければ、速やかに転職準備に取り掛かるべきです。

②「なりたい自分像」に近づく方法はあるか？

年収やポジションなど、提示された条件に魅力がある場合、どうしても心を動かされるのは当然のことです。ただ、求人情報に記載された条件やポジションは、ほとんどの場合、「入社初年度」のワンショットの情報に過ぎません。その会社で、長く働いていくと仮定した際に、「自分のキャリアプラン」、特に仕事の内容や身に付けたいスキルが身に付けられるのか？「その場その時」だけの待遇ではなく、継続的に自らの付加価値を高めていける業務内容やミッションかどうか、ということを、収入や役職は横に置いて考えていただければと思います。

③　5年後に活躍できるイメージが持てるかどうか？

転職でも新卒でも、入社時にマイナスな未来を描く人はあまりいません。迎える側も、リクルーティング活動中は、できるだけ「自社のいい面を見せよう」とがんばっているはずです。「どんな人と働くのか？」「どんな商材を取り扱うのか？」「顧客からの評価は継続的に価値や優位性のあるものなのか？（あるいはそれを実現しようとしているのか？）」など、3年後、5年後というように時間軸を長めにとって、自分が活躍し続けられそうかのイメージを具体化しておくことをお勧めします。

❖「転職本」に書かれていない不都合な真実

35歳、40歳、45歳……。転職市場には、ほぼ5年ごとに潮目の変化があります。特に35歳は大きな分岐点で、転職することで年収が上昇する割合が顕著に低下しはじめます。この転職市場の潮目の変化は、景況はもちろん、業界や専門領域により微妙に異なることもあり、意外な落とし穴になりがちです。

なぜ、たった5年で自分の市場価値が暴落するのでしょうか?

たとえばリーマン・ショック以降の時期に、20代後半から30代前半で転職した経験がある人であれば、転職市場での自分の市場価値が、予想以上に高かったと感じた人が多いはずです。

先日面談させていただいた大手医療機器メーカーで経営企画職をされている39歳のAさんも、5年前に初めて転職活動をした際に、とんとん拍子で複数企業から内定が出たり、好条件の年収額が提示されたり、高嶺の花だと思っていた企業からオファーがかかるなど、「自分は世の中からこんなに必要とされているのか」と驚いたと振り返っておられました。

ただ、このAさんが、現在の会社の業績悪化に伴い、今年1月以降に転職活動を始められたのですが、5年前とはまったく違う状況にショックを受ける事態になっています。中途採用市場は、当時よりさらに活発化していて、Aさん自身のキャリアもミドルマネジメントとして磨きがかかっているにもかかわらずです。5年間には、10社応募すれば5、6社は面接に進めていたものが、今回は書類通過すら難しく、結局20社以上応募して面接に進めたのが3社、しかもいずれも最終選考で不採用になってしまったということです。

経営企画が人気職種でポジションの割にライバル応募者が多いという事情や、応募している企業が、知名度が高く規模が大きいという理由も確かにあります。ポジションが上がり、以前より年収水準が上がり、希望年収が高くなったこともあります。ただ、そのどれもが5年前とそこまで決定的な違いがないため、やはり年齢による企業の視線の厳しさが背景にあるとAさんは感じています。

実際のデータを見てみると、会社員・男性の転職前後の年収変化（転職前と転職2年目の比較）で、「10％以上年収が上がる人」の割合は、30〜34歳世代で47・2％いるのに対して、35〜39歳世代では44・6％と減少しています。ちなみに40〜49歳では40・3％、50〜59歳では22・2％と年収増加者は年齢とともに急減していきます。（リクルートワークス研究所「ワーキングパーソン調査２０１４」）

転職後の年収変化は、転職プロセスでの書類選考通過率や面接通過率とも連動するため、掛け算となって、自分の市場価値が急激に低下しているように感じてしまう構造になっています。

会社を退職して、いざ転職活動を始めてみると、「募集条件は満たしているのに、30社連続不採用でどうすればいいかわからない」という転職者からの相談は、今も後を絶ちません。背景には採用時に年齢を過剰に重視する日本雇用の特徴があるのですが、仕事を探す側として、いったいどんな手を打てばいいのでしょうか？　ここでは、その壁を突破するための3つの基礎知識をご紹介します。

①　募集条件は最低条件でしかない

求人情報に書かれている「学歴」や「業務経験」「必要な資格」などは、企業からすると必要最低限のものでしかありません。決して、その条件に合致していれば書類選考は通過する、という意味ではありません。その大前提を押さえておかなければ「そんなはずじゃなかった」という事態に陥りかねません。

②　同じ求人に、あなたに見えないライバルは29人

1件の求人に対して、人事担当者が受け付ける応募者は（職種や地域によってかなり幅がありますが）約30人存在する、と仮定しておきましょう。あなたから見ると厳選した1社でも、人事担当から見ると30人の中の一人にすぎません。自分が応募した求人に応募している「見えない29人」のライバルを想定して職務経歴書にはできる限り、あなたならではの優位性をまとめるよう意識してください。

③　経験の有無にとらわれすぎない

転職市場のもう1つの特徴に、同業種・同職種移動率が約7割という傾向があります。たしかに経験がないよりはあったほうが確率は上がるのですが、企業から見た場合の経験は、何も同じ業界や同じ仕事に限られているわけではありません。周囲と協働する力、課題を解決していく力、学び続ける力、など、経験の意味を広くとることで、選択肢の幅が大きく広がるケースも多いのです。対象を広げ、接触数を増やすことで、少しでも早く、自分が生き生きと働ける職場を見つけてください。

❖年齢と転職成功率の相関関係、その真相

「転職回数が多いと転職に不利になる」という噂は、転職経験のない人でも耳にしたことがある人は多いと思います。実際に転職経験がある人なら、

「この人はうちの会社に来てもすぐにやめてしまうのではないか？」
「仕事で超えなければいけない壁を突破できない人ではないか？」

と企業から色眼鏡で見られた、という体験を持つ人も多いはずです。では、実際にはどうなのでしょうか？

転職サイトＤＯＤＡの調査では、転職回数と転職成功率の相関が数字で解明されています。

初めての転職を１００とした場合に、２回目の転職（つまり3社目への転職）ではほとんどの世代で80以上と、それほど成功率に変化がなかった（ただし24歳以下だけ

は約60に低下する）ものが、3回目の転職（4社目への転職）では一気に60を下回るまでに急減し、特に20代の場合は、成功率が50以下に半減するという結果となっています。

この数字を見ると、転職回数は2回目までは大きな影響を与えないものの、3回目以上の回数になると年齢が若いほど不利になるという事実がよくわかります。ただ、やみくもに「石の上にも3年」が重要という訳ではなく、最初の就職から3社目までには長く働ける場所を見つけるよう努力を惜しまないほうがいいということなのかもしれません。

でも、「長く働き続けられる会社を見つけよう」と言われても、現実には入社して初めてわかることも多く、そう簡単ではありません。具体的に何をどうすればいいのでしょうか？

❖ その① 前職の不満に、過剰に引きずられない

転職のプロセスには、以下の3つの判断ポイントがあります。

①　前職企業を退職した理由
②　転職活動時の重視条件
③　転職先企業（入社企業）を選んだ理由

①の理由には、「会社の業績が不安定で将来が不安」とか「給料が安すぎてやっていけない」、「上司や同僚との人間関係にストレスがある」などの不満理由があるケースが多いと思います。この不満が強いと、②選職時の重視条件や③入社意思決定理由も、①に引っ張られる傾向があります。

たとえば、前職を退職した理由が「給与の低さ」だったがために、応募求人は「給与が高い会社・仕事」に絞り、転職先も「給与金額」で決めるといったパターンです。

仕事上の不満を解決するための転職、という意味では、一貫した筋が通っているのですが、このパターンでの転職の場合、入社後に想定していなかった別の不満（例：社内の人間関係や労働時間がハードすぎる）が発生してしまうというリスクがあります。

人間が働いていく上での満足感を形成する要素は、非常に多岐にわたっていて、また同じ要素であっても、一人ひとり重視度合いがまったく異なります。

ひとつの不満さえつぶせば満足して働ける、というわけではないので、自分が気分良く働くために必要な要素を洗い出して検討しておくことが重要です。

❖ その② 「誰に」「何を」「どのように」という仕事軸

自分にとって働き心地がいい状態を続けるための重要な要素は、まずは仕事軸です。仕事軸というと、営業とか開発とか経理などといった職種名に目が行きがちですが、もう少し確度を変えて、「誰に」「何を」「どのように」提供する仕事なのか？　という要素に分けて、自分なりにフィットする条件を洗い出してみてください。

●「誰に」という軸の中にも、価値提供の対象が多い・少ないという観点や、年齢や属性、不満や状況など、多様なモノサシがあります。過去、自分が気持ちよく働いていた瞬間を振り返って、考えてみることをお勧めします。

例：「いいものがあるのに販路開拓に悩む中堅・中小メーカーに」
例：「管理職クラスのマネジメント力の底上げに悩む経営者に」

●「何を」という軸は、比較的職種名に近いものだと思いますが、自分が力を発揮できるであろう成果（有形・無形の製品・サービス）を押さえておいていただければと思います。
例：「BtoBのニーズを結び付ける販路マッチングサービスを」
例：「継続的に行動を確認できるマネジメント研修サービスを」

●「どのように」という軸は、まさに仕事の進め方です。ここにも人それぞれの進めやすい働き方の形があります。
例：「様式に則って、ミスなく積み上げていく仕事の進め方」
例：「従来の方法にとらわれず、より革新的な方法を磨き上げていく」
例：「狭く深く、専門分野をきわめていく」
例：「浅くてもより広い面積で、臨機応変にキャパシティを広げていく」

給料や休日、勤務条件など以外にも、普段意識していないところにも働き心地のよさを決める条件は意外に多く潜んでいます。

❖その③「組織風土」「人間関係」「制度」という会社軸

上記の仕事軸以外に、もう1つ着目すべき重要な観点が会社軸です。

特に以下の3点は、自分に合う・合わないで、大きく働き心地に差が出てくるので、もし転職を考える際には、ぜひ視界にいれていただければと思います。

●**組織風土**　その企業が重視している価値観（対世の中・対顧客・対従業員）が自分に共感できるものかどうかという観点です。
わかりやすい例でいうと、品質重視か価格重視か、仕事重視かプライベート重視か、トップダウン型かボトムアップ型か、など、会社や組織の個性を表す目に見えないカルチャーのことを指しています。

●**人間関係**　ここでは個別の関係性ではなく、その組織の持つ社内のコミュニケーションスタイルがどのようなものか、という観点を指しています。無駄のない合理的なコミュニケーションの会社もあれば、上下関係に関わりなくフレンドリーなコミュニケーションスタイルなところもあり、実はこれも人それぞれに合う・合わないが分かれるポイントです

●**制度**　特に評価制度や目標管理制度など、ここにも企業それぞれの個性が現れます。昇進・昇格のスピードや、成果主義かプロセス重視かなどの観点も、チェックしておきたいところです。

自分にとってフィットする仕事軸や会社軸を整理するだけで、自分によって働き心地のいい仕事や会社がイメージできるようになれば、より転職失敗のリスクは下がります。

繰り返しになりますが、実際の仕事探しにおいては、すべての条件が１００％そろうことはまずありません。必ず優先順位や重要度順の重みづけをして、譲れない条件をできるだけ絞り込んでおくことが重要です。

第2章

転職に向いている人・向いていない人

❖転職してはいけない人

米国で行われたウィリアム＝ギロビッチによる心理学実験では「自己評価は他者評価の2割増し」という傾向が鮮明に出たそうです。他者からの評価は、その人の好調期と不調期の中間点となり、自己評価は、ピークである好調期を評価点とするために、そのギャップが生まれているとのこと。

この「自己評価の上振れ」現象は、組織内部や転職行動で、さまざまなミスマッチを引き起こします。年齢が上がるにつれてギャップが増加する傾向もあるため、ミドル世代は特にその傾向が顕著になります。組織内部でギャップが発生した場合は、評価不満という形で顕在化します。「おれはこれだけやっているのに、なぜこんなに低い評価なのか？」「私が陰で頑張っていることを見てくれていない」という、居酒屋の愚痴パターンです。

この不満が鬱積《うっせき》してくると、自尊心が耐えられなくなって退職するというケースも起こりがちです。その勢いのまま転職活動に入った場合に発生しやすいのが、選職行動の上振れです。

典型的なものは、希望求人に対する①企業規模②企業知名度（ブランド）③年収水準④役職などで起こる上振れです。一定期間にこれが自己修正できないと「応募したい案件がない」「何社応募しても面接に進めない」という現象が起こります。求人選びの段階で視点が上振れすることで、本当は適合度の高い求人が、視界から消えてしまいます。「年収９００万円だった部長が、１年後にやむなく時給９００円のアルバイトに」という転職パターンは、本人にとっても、企業にとっても、能力を発揮して生き生きと活躍する働く機会を逃す損失です。

このような状態にある人は、転職に向いていない、もっと言うと転職をしないほうがいいと言えるかもしれません。

では、そんな事態を避けるためにどうすればいいのか？

１つは自己評価をできるだけ客観的にすること。ギャップを減らしていく方法があります。例えば、「自分はどう感じた」「自分はどう考えた」という事実をいったんひとごとのように捉え、「このように感じたり、考えたりした自分という人間は、なぜそのように感じ、考えたのか」という自問を繰り返し、過去の成功体験や失敗体験、幼いころのトラウマや環境、新人時代の上司の影響など、自分自身の思考がどんなバイアス、傾向、パターンを持っているのかをつかむことで自他評価のギャップを埋める方法です。

❖勢いで会社を辞めるな！　評価不満型転職の落とし穴

「社長直下で営業推進の責任者として5年間、大プロジェクトの評価制度の再構築ができた矢先で、関西支社の営業マネジャーに異動、2年で本社に戻るはずがなかなか後任がいないと言われてずるずる3年目に入ってしまった。そろそろ帰りたいがまったく動きがないので転職を検討している」

（43歳・産業機械商社・東京）

「新規事業の自社プロダクトのプロジェクトマネジメントを任されていたが、当初の期限より前に突然、結果が出ないという理由ではずされた。営業課長の仕事が嫌ではないが、理不尽な対応に悔しさというか、会社の意思決定を信じられなくなった」

（41歳・情報システム会社・神奈川）

これらは「評価不満型」転職の典型的事例です。

役職定年を含む降格や、望まない人事異動、あるいは納得できない人事考課など、ある日突然、「自分はこれだけやってきたのに、なぜ会社は評価してくれないのか？」という事態が起こる。何度かのみ込もうとしても、どうしても自己評価とのズレが解消しなかった瞬間、静かな怒りが会社を去る決断に火をつけるというケースです。会社と自分の評価のズレは20代の頃から何度も経験し、そのたびにのみ込んで収めてきたはずなのですが、心の沸点を超えた瞬間に収めきれなくなり、アクションが始まります。

会社側から見ると、個人のパフォーマンス評価以外に、若手の登用による活性化や幹部人材の選別、適正な人材代謝など、組織強化のための複合的な判断をしなければいけないという事情もあるので、この評価ギャップは収めようがなく、強い慰留もないままに退職が決定的になっていきます。

「こうなったのは経営陣のせいだ。社命に従って何十年も歯を食いしばってがんばってきた自分たちには罪はない」という恨み節を言いたくなる気持ちもわからないではないのですが、「だからあの会社に仕返ししてやるのだ」というような気持ちが先行して転職活動をしてしまうと、転職先の状態や、数年後のイメージを持たないまま、腹いせ的に同業他社だけを検討先にするなど、転職先選びの段階で目が曇ってしまうこともあります。

転職活動は、あくまでも自分自身が生き生きと働ける次のキャリアを見つけるためのものであり、それだけを目的に進めたほうが、いい転職が実現できる確率は高まります。

退職すると決めた以上は、自分自身を大切に、自分が気持ちよく働き続けることだけを目的に、最善の活動と選択をしていただきたいと思います。

❖「不満の裏返し」を意思決定の基準にしない

後悔しない転職を実現するために、避けるべき重要なポイントの1つが、前職での不満を打ち消すことを目的に、不満の原因となった要素と正反対の因子を選択の基準にしてしまうこと。

特に、前記のような「評価への不満」がきっかけで会社を辞めた方が「実力を評価してもらえること」を目的に競合他社に転職した場合に、実際にはノウハウをほしがっていただけだったり（ノウハウを吐き出した瞬間に評価が下がる）、入社後に組織風土や価値観の違いに気づくなどして、再び転職を迫られるというケースもあります。不満を解消することが唯一の目的となってしまって、他の重要な因子をチェックすることがおろそかになると意外な盲点に後で苦しむことも多いのです。

今後、会社を辞めるかもしれない方には、そのような事態を回避するためにも、「前職を辞めた／辞める理由」とはまったく切り離して、自分が主体的なモチベーションを長く保ち続けられるために重要な要素を洗い出し、重み付けをして、意思決定の基準にしていただくことをお勧めします。

４００万社を超える企業の中のたった1社を辞めたことよりも、自分の人生を自分のものと実感しながら、気分よく働き続けられることが何よりも重要です。

❖配置転換リクエストという選択肢

「ビジネスパーソン5000人のうち、転職を考えている人は約4割の39・1%」という調査結果が、先日ニュースになっていました（インテリジェンス調べ）。

リーマン・ショック後の低迷期を脱した8年前から徐々に企業の求人意欲の高まりが先行していましたが、ここにきてようやく求職者側の転職意向も浮上してきたという状況です。転職を検討している人にとっては、よい選択肢が増えることは好ましい状況なので、ぜひこの機会をうまく生かしていただきたいと願っています。

1つ懸念があるとすれば、「本来なら転職を考えていなかったし、転職する必要もなかった人」が、現在の求人バブルに錯覚を持って転職をしてしまうことです。

転職は「年齢」と「転職回数」が低ければ低いほど有利になる傾向があります。35歳までの場合、求人需要は多く、転職しやすい環境にあるため「転職1回」の重みが分かりづらいのですが、35歳を超えた瞬間から、過去の転職回数と年齢が、ダブルの重荷になっていきます。35歳を境にしたこの温度差が、転職に関する相場観を狂わせる１つの大きな要因になっています。

「キャリアを積み上げるために転職が必要なこともある」という考え方は、一面の事実なのですが、それはあくまで求職者側の言い分。転職は、企業側に内定出しの優先権があるため、企業が「年齢」や「転職回数」にこだわっているとすれば、それを求職者側が覆すことはほぼ不可能です。結果的に、35歳を超えてから「さらにキャリアを積み上げたいから」という理由で転職する場合には、必ず相応のリスクがついて回ることになります。

だからこそ、転職を考え始める方には「この転職は、自分にとって本当に不可欠なキャリア選択なのか」を必ず考え抜いていただきたいと考えています。いくら面接・選考段階にある方でも、「転職活動を休止し、現職企業の中で配置転換をリクエストしてみる」という選択肢を最後まで捨てずに持っていただければと思います。

❖「大卒、45歳、年収1000万円、転職経験なし」で現状維持を望む人たち

あくまで一般的傾向としての話ではありますが、転職の相談に来られる方の中で、

●これまでの労働条件が比較的恵まれている方（企業規模・報酬・役職など）
●社外接点が少なく、転職などの経験値が少ない方

などは、いきなりの転職をお勧めしないことがあります。

特に「45歳以上で大企業勤務、年収1000万円以上、転職経験なし」で、転職先に求める条件が「現状維持かそれ以上」という方とお会いすると、まずはじっくりとお話をうかがった上で、転職をする前に考えておくべきことをお伝えしています。社内での役割の変更やそれに伴う処遇の低下、早期退職金制度など、ご本人からしてみると「期待感ややりがいを感じにくく、また居心地もよくない」という理由で転職を検討されるケースが多いのですが、社内での働き心地が低下したからといって、社外でそれが取り戻せる確証はどこにもありません。

「しまった。こんなはずじゃなかった」と思うことや、「あの時、辞めなければよかった」と後悔することもしばしばあります。特に、転職相談でお会いした時点でまだ退職しておられなければ、もう少し仕事を続けながら転職そのものの市場調査とリス

ク分析をしてみることを勧めるケースが多いのが実情です。

個別にお話を伺って、ご自身のキャリアの市場での相場観を把握しておられる方、もしくはやりたいことが明確でリスクを取ることへの覚悟ができている方の場合は、その限りではありません。そういう方は、ご本人が後悔する可能性もきわめて少ないため、ご本人のご希望をかなえるべく、あらゆる方法を使って伴走させていただいています。

❖転職の思わぬ敵「嫁ブロック」――家族で話し合うべきポイント

転職アドバイザーとして、生き生きと活躍できる次のステージに出合っていただけたときは、一番やりがいを感じる瞬間です。ただ、最終面接から内定通知と順調に話が進み、さあ、いよいよ入社の準備という段階で、家族（主に配偶者）からの反対でストップがかかることがあり、ご本人はもとより受け入れ先企業もがっかりしてしまうケースがあります。

しかし、たとえば専業主婦の妻が家で子育てと家事をしていて、夫が一家の大黒柱というような場合は、当然、転職について家族全員から納得を得ておくことは不可欠で重要なことです。

ご本人が「この会社・この仕事なら、うまくやっていける」と判断し、過去の経験が活かされ、自らが必要とされる新天地を見つけても、年収が下がる、とか、単身赴任の可能性がある場合、有名な大企業からベンチャーや中堅・中小企業への転職の場合など、家族が不安を覚えて、転職に反対されるケースは起こりがちです。結果的に転職をあきらめることも、多々起こっています。

ただ、人生にとって重要な意思決定である転職を一度は選択したのですから、もともと相応の理由があったはずです。転職を断念しても、転職を考え始めた根本課題は残っているので、それが解決しない限りは、転職しないことのリスクもあります。

では、いざ自分が家族の反対にあったら、どのように対応すればいいのでしょうか？順調に内定まで進んでいる企業がある場合、「妻一人の反対を説得できないくらい行動力が弱いのか？」と悪い印象を与えてしまうリスクもあるので、できる限り早期解決を図る必要があります。客観的なアドバイスをくれるエージェントや、業界に詳しい知人・友人からの情報で、説得力を高めることや、相手先企業の経営者や人事責任者との信頼関係によっては、実態を率直に伝えて、過去の類似例などからアドバイスをもらったり、先方から申し出があった場合には、直接会食などで家族と会ってもらい安心感を醸成する方法もあるかもしれません。

不安を感じる家族に向き合い、納得を得るためには、以下の４つの観点のリスクを押さえておくことをお勧めします。

①　現職に残留するリスク

そもそも現在の勤務先に経営不安がある場合など、会社にとどまったとしても年収やポジションが下がるリスクや、買収や遠距離転勤などのリスクがないかどうか

②　転職先候補企業が持つ可能性

事業内容の将来性や、同業の中での優位性、財務的安定性など、今後成長していく会社での活躍機会を失わないかどうか

③　転職後の長期的年収

嫁ブロックの典型的パターンは「今よりも年収が下がること」ですが、これはあくまで入社初年度の一時的なものであることが多いので、生涯年収など長期的に見た場合のメリットを見逃していないか

④　転職することによる自己活性化

やりがいある責任のある仕事を任せてもらうことで、よりアグレッシブに過ごせるメリットなど

あなたが直接見聞きして確証を持っていることであっても、家族には知りえないことも多く、見えない変化に不安を抱くのは当然のことです。強引に説得しようとするのではなく、いかに正しくリアルな情報を伝えるか、結果的にできる限り自分と近い目線を持ってもらい、味方になってもらえるかこそが最重要ポイントです。ぜひ後悔が残らないように最善の努力をしてみていただきたいと思います。

❖専門スキル・知識以外の「ポータブルスキル」を見落とすな

「私のキャリアは特殊なので、なかなか転職先が見つからない」

これは、経験豊富なビジネスパーソンの転職相談にありがちな悩みの１つです。１月にお会いした42歳の方はまさにその典型。「精密部品メーカーで、20代は営業として新規顧客を開拓。30代から経理に移り、過去5年間は管理部長として財務・経理・人事などを担当しながら、社長の代行で全国の支社に出向き、経営方針を膝詰めで伝えていく役割もしてきた」。経営者から信頼され、八面六臂《ろっぴ》の活躍をされてきた方でした。

それでも「今さら未経験の領域はありえない。経験を生かしたいが転職先が見つからない」という現実。しかし、経験が長ければ長いほど、キャリアが複雑化するのは当たり前です。

問題は、転職先の選択基準にありました。この方の転職先の希望条件は「機械系メーカーで社長室長や管理部長のポジションで、年収は前職と同水準」というもの。確かにこれまでのキャリアにぴったりな条件ですが、さすがに過去の経験と〝相似形〟のポジション・条件での求人案件は多くありません。専門スキルや実務経験を基に転職先を探す方法とは別に、私からは次のような選択基準を提案しました。

任されてきた職務範囲で、①どのような課題設定をしてきたか？　②どのような解決策を作り、実行してきたか？　③上司・同僚・部下・親会社などに対して、どのような対人スキルを発揮してきたか？　――といった「共通スキル」を割り出し、それが生かされる場所を探していくという方法です。

結果として、選択肢が一気に広がり、それまで排除していたＩＴ系企業や外食産業が新たに応募先になりました。４月から、専門学校の理事長の右腕、学校改革を担う事務局長として、講座内容やプロモーション手法にまで踏み込んで、教員や事務スタッフを巻き込んだ大活躍をしておられます。

転職先選びの軸を、専門スキルから共通スキルに変えただけで、まったく別の可能性が広がった事例です。自分自身のキャリアの特殊性にばかり目を向けるのではなく、他の仕事との共通性に目を向けること。ぜひ頭の隅に置いておいていただきたい観点です。

❖同業種・同職種という選択の落とし穴

30代を超えてからの転職は、住宅ローンや子供の学費などの世代環境なども重なり、どうしても「守りの転職」になってしまいやすい側面があります。守ろうとすればするほど、選択肢が狭くなり、転職するにしても、転職を思いとどまって会社に残るにせよ、不完全燃焼になってしまう可能性が高まります。

転職する際に、メーカーや金融機関、商社など、転職前と同じ業種に移動する割合は、全体平均で36・3％。ところが40代はこれが48・4％まで上昇します（逆に50代は30・4％まで低下）。また、営業や経理、技術職など、転職前と同じ職種への平均移動率は61・2％ですが、40代は81・7％と全世代で最も高く（これも50代で71％に低下）、明確に40代のリスク回避傾向がうかがい知ることができます（出典：リクルートワークス研究所「ワーキングパーソン調査２０１４」）。

もちろん、「せっかく積み上げてきた経験がある業種や職種から離れて、ゼロからスタートすること」を嫌うサンクコスト（埋没費用）の側面もありますが、もしそれだけなら、より経験を積んだ50代のほうが同業種・同職種での移動率が高くなるはずなので、これだけでは上記の現象を説明しきれません。ここでお伝えしたいのは、同業種・同職種への転職がよくない、という意味ではなく、異業種・異職種でのチャンスを選択肢に加えないことのリスクです。

先日お会いした、Bさん（47歳）は、もともと、ある都市銀行のインターネットサービス事業を、事業企画として育て上げてきた辣腕バンカーでした。法人向け営業として長年積み上げてきたバンカーとしてのキャリアの上に、その後、担当となった仕事で、インターネットサービスをゼロから学び、利用率が進んでいなかった事業を軌道に乗せた立役者でもありました。ところが2年ほど前、ちょっとした意見の食い違いで担当部長との人間関係が悪化、将来のキャリア形成に自分の意思が反映しづらいという環境も相まって転職を決意し、活動を始められました。

複数のヘッドハンターから声がかかり、なかには、法人向けクラウドサービスの経営企画幹部や介護サービス会社の営業担当役員など、責任あるポジションもあったそうです。ただ、どうしても銀行業という仕事への執着があったため、ベンチャーと言ってもいいインターネットバンクのサービス開発担当部長として転職をされました。

最初は、思い通りに辣腕がふるえたものの、金融機関ではない事業が本業の、親会社オーナーの意向が徐々に経営陣へのプレッシャーとなり、結果的に前職の銀行以上に関係性が悪化、3年を経ずして再度転職活動をすることに。

「あのときあまりにも異業種を退け、こだわりを押し通し過ぎた自分に少し後悔しています」というBさん。現在は、自らさらに幅を広げ、「経営者のビジョンに共感できるか」「事業戦略に独自性があるか」という観点を軸に、業種にこだわらない転職活動をしておられます。

❖自己変革覚醒タイプの転職――起業、ベンチャー転職、U／Iターン

「前職の部下が立ち上げたベンチャーの理念や目標に衝撃を受けるほど共感した。手伝ってほしいと頼まれた瞬間にこれだと思い、管理部門は任せろと受けました。年収は3割以上も下がりましたが、後悔はしていません」

（43歳・ビジネス向けITサービス・東京）

「45歳の時に子どもが生まれたことがきっかけで、将来のことを考えたら、あと15年で実質定年になる会社勤めより、昔からやってみたかったビジネスで起業するチャレンジを選択しました。まずはその業界の基礎知識を身に付けるために期間限定の契約社員でもいいから最長2年間は丁稚《でっち》奉公してみたい」

（47歳・総合商社↓飲食ビジネス志向・福岡）

「業界全体が徐々に沈滞している中で、ここでキャリアチェンジする潮時かと思いました。どうせならUターンで、故郷で農業再生の仕事に取り組みたいと考えています」

（43歳・家電部品メーカー・神奈川）

何らかのきっかけで、以前からやりたかった夢や、自分本来の生き方を探求して、まったく新しいチャレンジをしたいと行動を起こす方々もいます。

「自分で自分の人生を決める」という主体性が高いぶん、モチベーションも満足度も非常に高いのですが、経験のない領域に飛び込むリスクもきわめて高い選択です。だからこそ、一時的な衝動で決断するのではなく、周到な準備や戦略がないと大きな傷を負うので注意が必要です。

❖転職に欠かせない戦略構築と自走力

将来の幹部候補となる人材を中途採用する際に、多くの企業が注目するのが「自走力」です。「ハンズオンでやれる人がいい」などともいわれます。つまりは、上からの指示にそのまま従うのではなく、自分自身で考えて判断できる人、また、考えたことを人に任せるのではなく、自ら実践できる人を求めているのです。

大手企業で管理職を務め、中堅・ベンチャー企業に転職しようとする人は、この点でつまずくケースが多く見られます。

大手企業は優秀な人材が豊富であるため、リーダーは部に対して口頭で指示するだけでも事が運ぶもの。しかし、人材がそろっているとはいえない中小企業では、自らが行動を起こして具体的なやり方を示す必要があります。そうした意味で「現場感覚」を失っている人は、採用に至らないケースが見られるのです。

❖ビジョンを打ち出し、ストーリーを描く力

数多くの経営幹部人材の採用を支援してきた株式会社リクルートエグゼクティブエージェントの代表取締役・波戸内啓介氏はこう語ります。

「『私は経営改革を手がけてきた』という方々にお話を聞く機会がよくあるのですが、これまでの経験を『ブツ切り』で話す人と『ストーリー』で話す人がいらっしゃいます。

ブツ切りで話す人とは『リストラを行いました』『BS（バランスシート）を軽くしました』『経費削減を徹底しました』といったように、やってきたことを羅列して話すだけで終わる人です。

一方、ストーリーで語る人は、目的や将来ビジョンを明確にした上で、そのためにどんな施策を打ち、どんな成果につながったかを一連の流れで伝えることができます。

前者の場合、トップから『やれ』と言われたことをそのまま実行した、とりあえず目先でできそうなことに取り組んだ、という印象を抱きます。対して後者には、中長

期視点を持ち、自らストーリーを構築できる力が感じ取れます。当然、企業側は後者に期待を寄せるわけです。

しかも、収益を改善して財源を確保する一方で、新しいものをクリエートする取り組みを同時並行で進めている人もいます。リクルート・グループでは『そろばんとロマン』という言葉がよく使われるのですが、シビアにそろばんをはじきながらも、同時にロマンを抱ける事業を創造するストーリーを描けるということは、会社を率いる立場の人物には大切な要素といえるでしょう。

実際の経営幹部の転職においては、トップから『この課題を解決してくれ』と言われて入社したものの、よくよく分析すると真の課題は別の部分にあった、ということも珍しくありません。つまり、指定された課題にそのまま取り組むだけでは、成果につながらないこともあるわけです。そうした面でも、自分自身でストーリーを組み立てる力が欠かせないのです」（波戸内氏）。

❖苦境に立たされても冷静に乗り切れる「胆力」

波戸内氏が注目するもう1つの力が「胆力」です。これは危機的状況に陥ったような場合にも、恐れたり動じたりしない精神力を指します。

「優れたビジネスパーソンは、この胆力を備えていると感じます。転職し、新しい環境の中で事業推進や経営改革をしていくことには大変な苦労が伴います。これまでの会社では難なくこなせていたこと、うまくいっていたやり方が、まったく通用しないこともあります。

壁にぶつかっても折れることのないメンタルの強さ。それも欠かせない要素といえるでしょう。そうした胆力が身に付くかどうかは、いかに多くの修羅場を経験してきたかによるところが大きいといえます。例えばこれまで大手企業の一部署のみに在籍し、波風立たない環境で働いてきた人よりも、異動・転勤・子会社出向といった環境変化と戦ってきた人の方が望ましいと考える企業が多いのです」（波戸内氏）

❖幹部候補に求められる力は、日々のトレーニングによって養える

ここまでお伝えしてきた「求められる力」は、自分が日々意識することで磨くことができます。幹部候補人材として転職し、一定上のポジションを目指す人には、次のようなことを意識してトレーニングすることを波戸内氏は勧めています。

- すべての担当業務に関し、上からの指示をそのまま実行するだけでなく、その目的、各方面に及ぼす影響などを自分なりに考える
- 失敗のリスクを恐れず、新しい取り組みにチャレンジする。その試行錯誤の経験を通じ、自分の中に課題解決法の「引き出し」を増やしていく
- 失敗したことも、なるべく失敗で終わらせない。会社が許すかぎりは成功するまで続ける「成功体験」を積み上げる
- 異動・出向・海外勤務などを拒まない。成長のチャンスとして捉え、「環境変化」を積極的に経験する

「何事にも自分の考えを持ち、チャレンジし、徹底的にやり切る」というサイクルを何度も何度も回していくこと。この挑戦の連続こそが「胆力」を磨く最短の道なのかもしれません。

第3章

転職を真剣に考える人のためのガイドマップ

❖職種、ポジション、年収――調整が難しいミスマッチ市場

30代以上の方々の転職を支援していて、最も多いお悩みの内容は「希望する会社に応募しても、なぜかことごとく不採用になる」とか、「応募したい会社が見つからない」というものです。逆に、人材を募集している企業からいただく相談は「応募者がまったく集まらない」「応募者はいても、魅力的な人材がいない」といったものがほとんどです。

企業側と求職者側のミスマッチはなぜこんなに多いのか？　ここでは、「欲望の二重の一致」が起こりにくい転職市場の構造についてお話ししたいと思います。

❖「希望する職種」によって激変する転職の難易度

転職市場におけるミスマッチは、企業側・求職者側双方にとって悩ましい課題です。

●企業側＝「人材を募集しているが、いい人材が採用できない」
●求職者側＝「いい会社を見つけて応募をしても、不採用になってしまう」

ただ、これは「職種」によって非常に大きなばらつきがあります。厳密には、「職種」以外にも、

●企業側＝「地域」「企業規模」「知名度」「業種」
●求職者側＝「学歴」「経験年数」「スキル・資格」「転職回数」「退職理由」

など、多様な因子があるのですが、ミスマッチを生む最も大きな因子は、「職種ごとに異なる需給バランス」にあると言っても過言ではありません。

つまり、仕事を探す求職者側の視点であれば、「どんな職種で仕事を探すか？」を決めた時点で、転職成功の難易度がほぼ確定するということになります。これを、需給バランスや需給の量、仕事の性質でシンプルに分けると、図のような4分類になります。

職種ごとの需給バランス

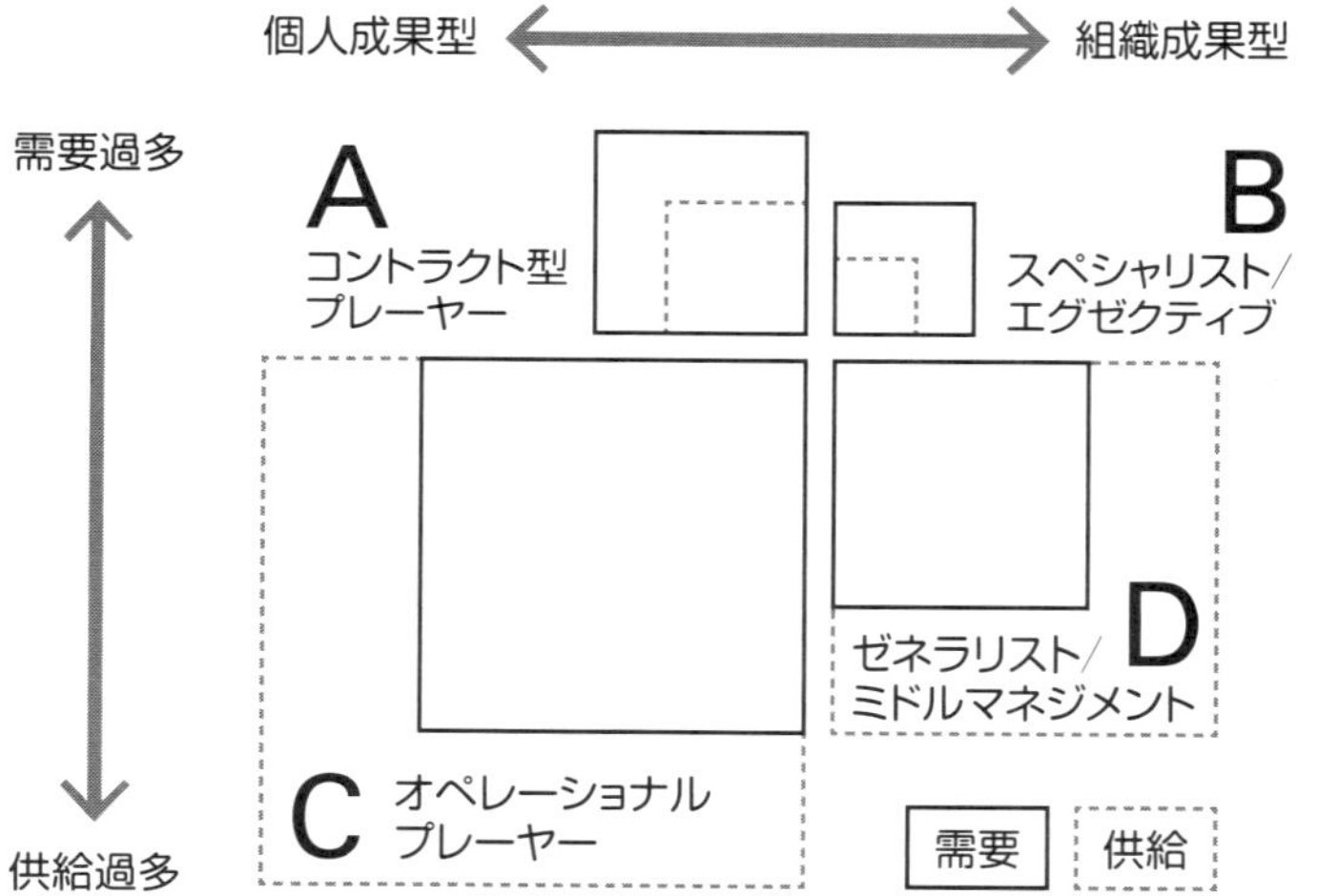

筆者作成

A.ハイリスク・ハイリターンの「コントラクト型プレーヤー」

職種例　個人向け高額商品・サービス（住宅、リフォーム、生命保険、自動車など）の営業、セールスドライバー、個人向け金融サービス営業、店長候補（外食系）ほか

個人で生み出す成果が重視される高付加価値な職種で、固定給比率が低めで、成果型の報酬比率が高いケースが多いことから「ハイリスク・ハイリターン」という印象を持つ人が多いために、景気変動にかかわらず、い

つも一定の求人需要がありながらも、希望者（人材供給）が少なく、常に人手不足になっている領域です。正社員・業務委託契約、場合によってはフランチャイズ型などの雇用形態でも募集されることが多く、転職サイトやエージェントからのスカウトも最も活発に行われています。

B．組織成果を求められる「エグゼクティブ」「スペシャリスト」

職種例　経営者、CFO（最高財務責任者）、M&A（合併・買収）スペシャリスト、知財・法務系スペシャリスト、経営企画・事業企画、ウェブ系開発エンジニア（プロジェクトマネジャー）、金融系スペシャリスト、経営コンサルタント、施工管理技術者、薬剤師ほか

組織としての成果を最大化するために、結果に対する強いコミットメントを求められるスペシャリストやエグゼクティブ領域の職種です。場合によっては、年収3000万円クラスの求人もある超高付加価値型の領域になります。

事業の中核をつかさどる職域ゆえに、求人件数は最も少なく、転職サイトなどの公開型の求人よりも、ヘッドハンターやエグゼクティブ専門エージェントが秘密裏に動

いてマッチングするケースが多いのも特徴です。

求人件数は少ないものの、求められる経験やスキルに細かい条件が付くことが多いために、適合する求職者よりも求人（需要）のほうが多く、相対的には採用難といわれることが多いようです。ただ、いったん求人が公開されると、相対的に年齢が高めの採用事例が多く、年収水準が高く魅力的に見えることもあり、企業側から見ると募集要件の対象外の求職者から、大量の応募が殺到して混乱するケースもあります。

ビジネス系のエグゼクティブの場合、人材要件が言語化しにくいことや、後述のD領域との境界が不明瞭なことも、ミスマッチを発生させる要因となっています。

C．定型的なタスクを処理する「オペレーショナルプレーヤー」

職種例　ルートセールス、営業事務・一般事務、受付、プログラマー、販売・接客、警備・ビルメンテナンス・施設管理、コールセンターオペレーター、倉庫内・工場内作業員ほか

契約社員、派遣、アルバイト・パートも含めて、最も求人の数が多いのがこの領域です。手順や業務パターンがシンプルで定型的な業務や運用的な業務が多く、業務が

生み出す期待利益に連動して、賃金水準も雇用の安定性も低くなりやすい領域です。相対的に募集要件も緩やかなぶん、求人需要に対して対象となる求職者数も多く、D領域で転職先が決まらない人からの流入も加わるため、より一層供給過多になりがちな性質があります。

D. 組織貢献型の「ゼネラリスト」「ミドルマネジメント」

職種例　法人向け営業（メーカー、商社、IT、サービス）、人事・総務、広報・宣伝、管理職（営業・管理・情報システム・企画各部門の部長・課長クラス）ほか

いわゆる正社員の転職に限定した場合、最も求職者数が多いのがこのD領域。総合職型の正社員として、組織貢献を求められるゼネラリストやミドルマネジメントの方々です。

高付加価値な組織成果を求められる領域でありながら、特に日本の場合、一貫したスペシャリストとしてのキャリアを積みにくく、「新入社員で配属されたのはA事業部の新規開拓営業、3年後にB事業部の既存顧客向け営業に転属され、10年目からは営業企画部門でリーダー」というように、組織の中での必要に迫られた経歴となり「な

んでも屋ではあるが、なに屋とも答えられない」という状況に陥りがちな側面があります。

幹部選抜の競争率が激しく、それゆえに年齢が上がるほど求人需要が減少しやすく、ごく一部の人だけがB領域に進む構造になっています。さらに経済構造の変化も相まって、大半の方が社内・社外にかかわらず「望まないキャリアチェンジ」を迫られるケースが目立ってきています。

また、大規模な組織になればなるほど、部下やアウトソース先に依存することが増えて現場から遠ざかりつつ、管理職となって賃金が上昇するためにかえって移動が難しくなるという、ダブルのマイナス効果もあります。

❖「過去の経験を生かしたい」という思いが逆効果に

「役職定年」「M&A」「業績不振」などを起点に、企業側が戦略的な人材の代謝を進めるために、これまで組織に貢献してきた人が、突然転職市場に出ることになった場合、先に述べた構造の影響で多数のミスマッチが生まれます。

特に、正社員に限定すると、「DからBに移動したい」「Dのままでキャリアを磨きたい」という希望を持たれる方が多いのですが、きわめて高い要件ハードルのBと供給過剰なDでは、その希望を受け入れられる余地は少なく、結果的に、希望の有無にかかわらず、需要過多のAや需要の絶対数が多いCへの移動を促される構造になっています。それでもBやDの領域を志向する場合は、高い競争率を突破する戦略と行動が必要になります。

転職活動をされる方には「これまでやってきたキャリアを生かしたい」という思いを口にされる方が多いのですが、特に40代を超えてこれまでやってきたキャリアを生かすには、「会社を超えても通用する競争優位なスキル水準を獲得するために、これまでの2倍、3倍の努力が必要になる」というのが実情です。「これまでのキャリアを生かすこと」が、ご本人の頭の中では「過去やってきたレベルの努力を続けること」「過去の待遇水準をキープすること」と同義語になっている方の場合、激しい競争を勝ち抜くにはパワー不足になる可能性がきわめて高くなってしまいます。

❖過去の経験を超えて、競争に勝てる人の共通点

ただ、どれだけ競争が激しくても、ご自身の希望通りの働き方をまっとうされる方も必ず存在します。転職支援という仕事を通じて多数の方とお会いしてきた経験から、競争に勝つ人の共通点をいくつかご紹介します。

①「過去の経験は負債。過去を超えるキャリアをつくる」という思考

これまでのご自身の経験を「資産」ではなく「負債」だととらえて、過去のキャリアを「生かす」のではなく「超える」という考え方をする方。

大手情報システム開発会社に営業職として勤務していたCさん（41歳）は、初めての転職活動で面接に行った会社で、これまでの会社で評価されてきた経験がまったく評価されていないことに気付き、驚愕《きょうがく》されたそうです。しかし、ゼロリセットでやり直すのは時間がかかりすぎると考え、経験値をバラバラに分解、使えるものと捨てるものに分別し、「使えるキャリア資産だけをベースにしながら、いかに自分の過去を

超えられるかにチャレンジしよう」と思ったそうです。この方は現在、通信系のベンチャー企業で社長室長（執行役員）として活躍されています。

②「謙虚に学び、大胆に行動する」バランス感覚

大手のインターネット関連会社を経て、大学のキャリアセンターで学生の就職支援をしているＤさん（39歳）は、まったく別の世界に飛び込む転職をされました。もともと人事として新卒採用をしていた経験はありますが、そもそもの業種ごとの特徴の違いからくるカルチャーギャップ、受け入れる企業側と送り出す学校側の違いなど、当初は相当困られたようです。

しかし、3年目に入って課長に昇進された理由を聞くと、「異文化に飛び込んだ者として、いかに謙虚に学ぶかを心がけました。でも年齢も年齢なので、成果を出すための提案や行動は年齢なりに物おじせずにやり切りました」。インプットは謙虚に、アウトプットは大胆に。結果につなげていくこのバランスも、１つの共通点です。

③「自分の人生にとって本当に大切なものを絞り込む」勇気

財産を持てば持つほど守ろうとするのが人情です。仕事に関しても同じで、仕事の醍醐味、役職、年収、会社の知名度、部下の数、通勤の便など、いったん自分にとって住み心地のいい場所や条件を手に入れてしまうと、転職を迫られたとしても、どれもこれも全部守りたいと考えるのも不思議なことではありません。

中堅広告代理店でエグゼクティブディレクターをしていたEさん（44歳）は、応募した会社から軒並み不採用を突き付けられた結果、「すべてを望んでいては身動きが取れない。今後、元気に働ける20年で得たいものを3つだけに絞り込んだ」そうです。そして、一番重視した〝モノづくりの現場の第一線で能力を生かすこと〟に絞り、食品メーカーのパッケージデザインのマネジャー職に就かれています。年収は前職から半減しても、心理的な満足度は以前より高まった状態で働かれています。

❖初年度は試用、年収アップ2年目以降も

「今よりもう少し年収を上げたい」。今も昔も、転職を考えるきっかけになる三大理

由の1つです。でも、実際に転職を実行した後、年収の増減がどう変化しているかは、あまり知られていません。もちろん、前職年収額は人それぞれ大きく異なるので、金額の変化ではなく、ここでは増減率の変化だけを追ってみたいと思います。

まずは、すべての年代を総合した転職前後の年収増減率は、おおまかにいうと、「増加4割、変化なし2割、減少4割」です。転職理由には、人間関係や会社の経営不安なども多いため、たとえ年収が減少しても納得度の高い転職をしている方も多いのが実情です。

この割合を年代別に見た場合、35歳を過ぎてからの転職の場合、35歳以下世代に比べて、転職後に年収が上がる人の割合はやや少なくなります。

【25歳～35歳】増加5割、変化なし2割、減少3割
【35歳～45歳】増加3割、変化なし2割、減少5割

この数字を見ると、やはり若い世代のほうが（前職年収額も低いこともありますが）転職による年収アップは実現しやすいことがわかります。

ただ、この数字は、あくまで「転職初年度」の変化で、35歳以上の方々であっても、転職2年目以降の年収は、前職と比べて「増加4割、変化なし2割、減少4割」と大きく盛り返しています。

「転職初年度はお互いの期待値調整のために、やや低めの年収で入社し、受け入れ企業に実力が評価され始めた2年目以降に修正していく」というパターンが多いことがわかります。

家族も含めた生活維持のために、前職と同程度以上の年収水準は譲れない条件だ、というのも当然だと思います。ただ、転職初年度だけは、実力を判断してもらう期間として一歩引き、業務の熟練度や、会社への貢献度で相応の評価を獲得してから徐々に年収を上げていくという考え方で、転職活動時の選択肢が広がるメリットも大きいので、ぜひ視野に入れておいていただければと思います。

❖転職活動の4つの経路

日本で転職する場合、ほとんどが以下の4つのルートのいずれかを経由することに

転職活動の4つの手法

		経由率
1	民間の求人情報サイト（転職系サイト、アルバイト系サイト）	25.4%
2	知人・友人の紹介（いわゆる縁故）	18.0%
3	ハローワーク	15.6%
4	民間の人材紹介会社（転職エージェント、ヘッドハンティング）	13.2%

※経由率は、リクルートワークス研究所「ワーキングパーソン調査2014」正社員・正職員の転職利用手段より抜粋

転職緊急度と求人需要による主な利用手段

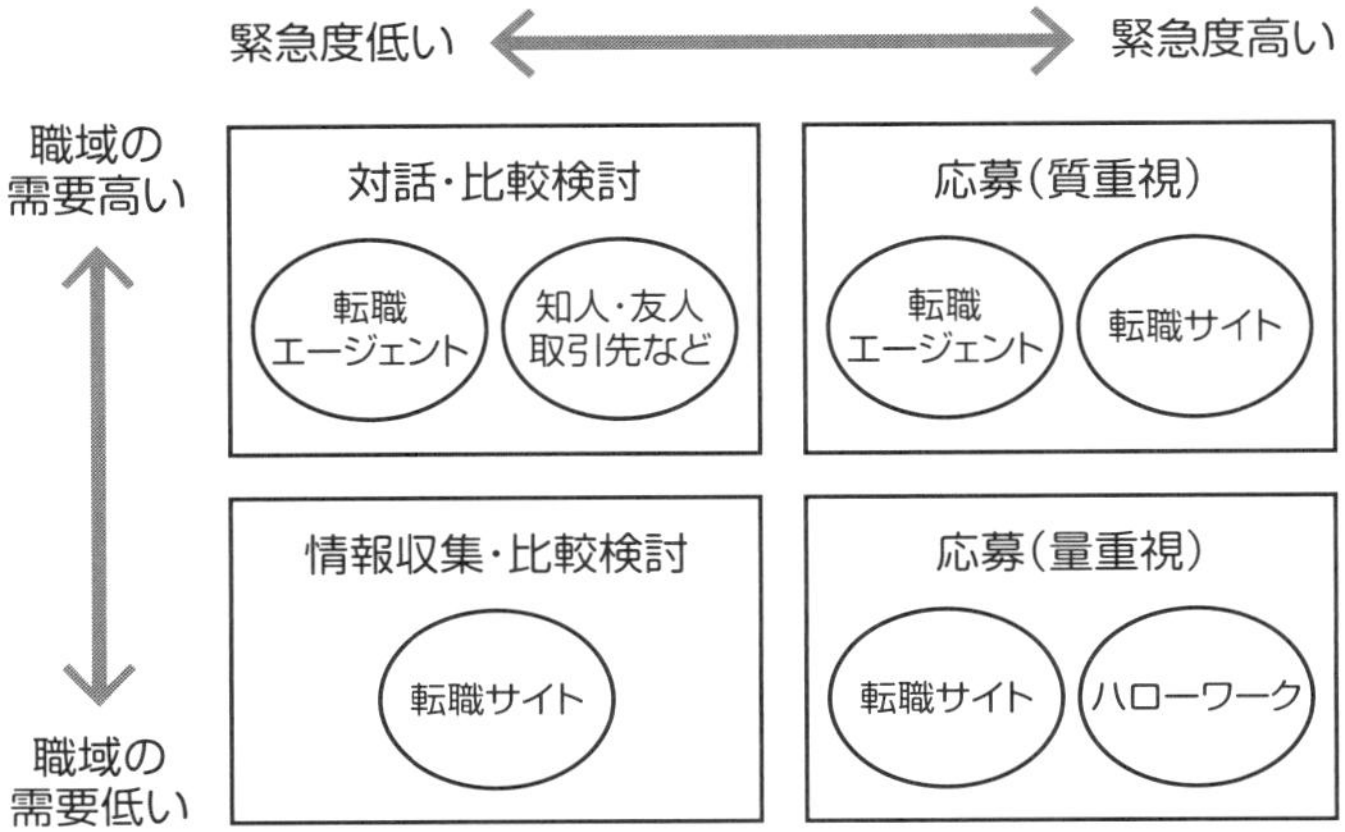

筆者作成

なります。

それぞれに一長一短がありますが、ここでは社会人として一定のキャリアを積み上げてこられた方々向けに、標準的にお勧めしたい手順をまとめておきます。また、「転職緊急度」と「経験・スキルの需要度」によって、転職された人が主に利用した手段を簡単に表すと、図のような傾向になることが多いようです。

❖「一次のつながり」で転職の支援者を洗い出す

職務経験の豊富な社会人であれば、まずやるべきことは「一次のつながり」の洗い出しです。「一次のつながり」とは、直接、自分と接点の合った人的ネットワークを指していて、取引先や、現職・OBにかかわらず一緒に仕事に取り組んだ会社の先輩や後輩、学生時代の友人などです。

ただ、転職活動がリストラや業績不振によるものの場合、どうしても気恥ずかしさが邪魔をして「知人に相談しづらい」という方も多いのですが、困ったときはお互い様。せっかく自分が築いてきたネットワークなので、こういう時に頼らないのはもったいなさすぎます。ましてや業績不振や企業風土の問題など、決してご本人だけの責任ではないケースも多いので、気後れする必要はありません。

とはいえ、あらゆる知り合いに、のべつまくなしに相談するのではなく、たとえば「この人なら自分に合いそうな会社を知っていそうだ」とか「取引先としてしか見ていなかったが、あの会社なら働きがいがありそうだ」とか、自分なりの観点でキーパーソンを洗い出して、できる限り率直に相談してみることが重要です。

❖人脈を使う転職のメリット

この知人・友人経由ルートのメリットは、とにかく自分という人間を少なからず理解してくれていることにあります。転職の緊急度が高い人はもちろん、少し時間をかけてでも納得いく転職がしたいという人にも、ぜひ活用いただきたい方法です。

また、特に親しい友人などであれば、自分の経験業界・職種にかかわらず、「自分にはどんな可能性や選択肢があると思うか？」ということをフラットに相談してみる方法もあります。名刺や携帯電話の電話帳だけでなく、ＳＮＳでつながっている友人を掘り返してみるのも一手です。

自分では考えもつかなかった業界への転職の可能性を教えてもらえたり、あるいは、直接の知り合いを経由して、二次・三次のつながりである「友人の友人」にまで広く適職探しの網を張ることができるかもしれないので、やはりこの縁故ルートははずせません。

❖自分の仕事ぶりを知る「元上司・元同僚」は頼れる存在

ベテランのビジネスパーソンであれば、ビジネスでもプライベートでも人脈が築かれていることでしょう。「その中でも信頼のおける人に声をかけ、転職を考えていることを相談してみてほしい」とリクルートエグゼクティブエージェントの転職コンサルタント、森本千賀子氏は語ります。

「特に、『以前に一緒に働いたことがある人』に声をかけてみることをお勧めします。例えば、今は他の会社で働いている元上司・元同僚、あるいは複数企業の合同プロジェクトで協業した人など。仕事をしているあなたの姿を見ていた人であれば、『あの会社が人材を募集しているが、君なら合うんじゃないか』といったように、『相性』も考慮した上で情報を提供してくれる可能性があります。

相手企業に対してあなたの良さを伝えてくれれば、選考もスムーズに進みやすくなるでしょう。

あなたの強みを理解してくれているという点では、旧知の友人や親戚のつてをたどってみるのも有効です。『業界がまったく違うから』と声をかけずにいるのは、得策ではありません。あなたが知らないその人のネットワークの中に、あなたの業界に関連する人物がいることもあります。

『ランニングサークルの仲間が○○社で人事をやってる』『取引先の会社が△△事業に乗り出すらしく、△△業界出身者を集めている』といったように、思いがけない情報が得られるケースは少なくないのです。

特に金融機関に勤務している友人がいれば、声をかけてみる価値があります。融資先企業の社長とお付き合いがあり、採用計画をつかんでいるケースが多いからです。IPO（株式新規公開）を目指している、伸び盛りの企業の情報が得られるかもしれません」（森本氏）。

❖人脈を使った転職にひそむ「落とし穴」とは

転職活動で人脈を使う場合、注意すべき点もあります。よくある失敗ケースについても森本千賀子氏に聞いてみました。

●断りにくくなる

「紹介された会社が気に入らなかった場合も、断りにくい状況になることがあります。紹介者が先走って相手の会社に話を通してしまったりした場合です。その人の顔を立てるために、不本意ながら入社せざるを得なくなった、というケースは実際に見られます。

どのような順序で話を進めるか、事前に共有するようにしてください。

●口約束で話が進み、後でトラブルに

友人・知人を通すと、安心感から油断してしまうこともあります。給与や待遇など、

条件面をしっかり確認せず、入社後で『話が違う』ともめるケースもあります。口約束ではなく、労働条件を文書にした通知書を受け取っておきましょう。

●紹介者から聞いた話と事実が異なる

『うちの会社に来ればこんなにいいよ』と言われて入社したところ、誘ってくれた友人とは配属先が異なり、聞いていた話とはまったく違っていた、ということもあります。同じ会社でも、部署によって方針や環境が異なるケースも少なくないのです。また、プライベートで知り合った社長から『うちに入って』と請われて入社したものの、社内では社長への抵抗勢力が強まっていて、既存社員たちから敵視された……ということも実際に起きています。ほか、役員を務める知人から声をかけられ、経営幹部として入社してみると、社長がクセの強い人物で苦労した、という体験談もあります。

紹介者の言葉をうのみにせず、自分で会社を調べ、他の社員とも話をさせてもらうなどの対策をとってください」（森本氏）。

このほかにもう１つ、人脈を使うデメリットを挙げるとしたら、「可能性を狭めてしまう」という点があります。これは人脈のみに頼り、他の情報収集手段を併用しない場合のことです。自分の人脈の範囲内の情報しかとらなければ、それ以外のフィールドにより大きなチャンスがあったとしても、気付かずに逃してしまいます。

人脈はあくまで「手段の1つ」として活用し、情報収集はなるべく広く行うことをお勧めします。

❖自分に合った転職支援サービスを活用する

自分の人脈ネットワークへの接触ができたら、民間の転職サイトや転職エージェントの活用も不可欠です。豊富な情報の選択肢を、求職者は無料で利用できること（一部、有料のサービスもあり）が大きな魅力です。ただ、それぞれのサービスごとに対象（対象世代・対象業界や職種・雇用形態など）が限定されていたり、求職者側の転職支援よりも企業のための採用支援に軸足を置いた事業者も多いので、特に転職活動に割ける時間が限られている場合は、各事業者のサービスの特徴を見きわめて活用することをお勧めします。

民間サービスであるがゆえに、自分がそのサービスの対象に合致している場合は、新鮮な情報を豊富に、かつプロフェッショナルならではのサービスを受けられます。逆に、自分が対象でない場合は、サービスそのものを受けられなかったり、自分にフィットした求人情報が少なかったりというデメリットもあります。

職歴情報などの登録に時間がかかるので、自分はそのサービスにフィットしているかどうかを事前に各社の広告に登場するタレント（サービスのターゲット像に近い人選が多い）やウェブサイトに書かれている特徴や強みを確認して選別しておくといいかもしれません。

❖転職系求人サイトで相場を知る

転職の際に活用できるサイトには、「総合型」「業界職種特化型」「クロール型」などがあります。

「総合型」転職サイトは、ホワイトカラーやエンジニアを中心に、求人件数や求人ごとの情報量、スカウト機能でメール送信されてくる求人が多いので、相場を知るためにも利用価値は高いと思います。ただ、企業が掲載料を支払ってまで募集している求人の多くが、対象年齢20~30代前半を想定していて、かつ利用する求職者も多いために競争倍率が高く、なかなか選考を通過しないというデメリットがあります。

転職に慣れない段階では、「応募した社数だけ面接に行かなければいけないので、応募先は慎重に選びたい」「どこに応募するか1社1社検討するのに時間がかかる」という理由で、1カ月かけて応募社数が2、3社という方も多いのですが、「30社以上応募したが面接に行けた企業は2社だけ」(37歳・大手機械部品メーカー・購買)というケースも珍しくありません。

応募してもなかなか書類選考に通過しない場合は、「相手先を厳選して応募する」方法から、「NGでない会社にはとりあえずアタックしておく」というふうに、できるだけ数多く接触するよう戦術を変えていくことをお勧めします。

また、「クロール型」求人サイトは、複数の転職サイトの求人情報や、企業のホームページにしか掲載されていない求人、ハローワークなどの公的機関の求人も含めて膨大な情報を一括で閲覧できるので、特に30代後半以上の方や、大都市圏以外の方、転職先選びの条件が多い方には、はずせない手段です。

ただ、企業にとって掲載料のかからない自社ホームページやハローワークの求人は、有料の転職サイトに比べて、採用意向の温度感が低い会社が含まれていることも多いので（「急いで募集しているわけではないが、よほどいい人材がいたら検討してみよう」というケース）、ここでも数多くの接触を意識したほうがいいかもしれません。

❖転職エージェントを活用する

「ヘッドハンター」「転職エージェント」「キャリアコンサルタント」「人材紹介サービス」など、会社によって表現がバラバラなので、最初は違いがよくわからないかもしれませんが、要は転職に関するプロフェッショナルが、直接対面や電話、メール、スカイプなどで一人ひとりの相談に乗りながら求人を紹介してくれる〝人的サービス〟です。

転職エージェントを大別すると、「総合型」「ブティック型（業界や職種などに特化）」「ヘッドハンター型（経営層や外資系などに特化）」などがあります。

掲載された情報だけを頼りに自分で応募する転職サイトとは異なり、自分の希望や経歴を踏まえて、自分一人では見つからなかった可能性をアドバイスしてもらえるなど、人的サービスならではの価値があります。コンサルタントの経験や知識の優劣や相性などはバラツキがありますが「このコンサルタントは信頼できる」と感じたら、できるだけ率直に、胸襟を開いて相談したほうが得策です。

ただ、労働集約型の高付加価値型サービスなので、対象者が限定されるデメリット（職歴や年齢、転職回数によっては申し込んでも相談すらできないことがある）があります。

ほかにも地域別の特徴やハローワーク、顧問派遣や派遣会社、アルバイト系サイトなどいくつか紹介しきれていないサービスもありますが、社会人経験のあるホワイトカラーやエンジニアの方には、優先的に利用していただきたいサービスはある程度お伝えできたと思います。いつか、まさかの転職活動を始める状況になったときに参考にしていただければ幸いです。

❖「棚卸し」がうまいエージェントと「はめこみ型」エージェント

数ある転職手法の中でも、ホワイトカラーやエンジニアの方々にとっては、前述した転職エージェントの利用が主流になりつつあります。自分一人では経験・スキルを的確に評価できず、可能性を狭めてしまうこともあるため、転職マーケットを知るプロであるエージェントを「パートナー」としてうまく活用して選択の幅を広げるのも重要な方法論です。

ここでは転職エージェントをどう活用すればいいか、付き合うエージェントをどう選ぶかを補足しておきたいと思います。

自分のキャリアを会社任せにするのではなく自分でプランニングして、長く活躍していくためには、早い段階で自分の強みを認識し、磨いていく必要があります。

そのためにどうしてもはずせない作業が、定期的なキャリアの「棚卸し」。これまでのビジネス経験を細かく整理し、「強み」といえるものをピックアップする作業です。

実は、自分の「強み」を正しく認識できていない人はたくさんおられます。

特に日本人の場合、自分の経験・スキルを「自分の周りでは皆が当たり前にこなしていること」と謙遜したり、軽視する人も多いのですが、実は自己の経験の中に、転職市場で想像以上に大きな価値を発揮する宝物が隠れていることがあります。

転職エージェントのコンサルタントを活用して、客観的な視点で「その経験が今の市場でどの程度の価値を持つか」「他社や他業種からはどう評価されるか」といったアドバイスを受けてみることで、強みの見逃しや、過大評価、過小評価など相場とのギャップを少なくすることが可能になります。客観視点ということだけなら、友人・知人でもいいのですが、最新の転職市場を深く知っているプロフェッショナルには、やはりそれなりの価値があります。

数多くのCXOなど経営幹部層の転職をサポートしてきた、株式会社リクルートエグゼクティブエージェント代表取締役の波戸内啓介氏は下記のように語っています。

「どんなエグゼクティブでも、具体的な転職の選択肢が複数出てきたときには、迷ってしまうケースは多い。『自分が本当にやりたいことは何なのか』『自分の能力を最大限生かせる場所はどこなのか』ということは、どれだけ経験豊かなビジネスパーソンでも迷うものです。私は以前、夜11時という時間に転職相談の電話を受けたことがありました。その相手は世間に広く名を知られた経営者です。『遅い時間にごめん。実はある会社からこんなオファーが来ているんだけど、受けるべきなんだろうか。どう思う?』私は『これほどの実績を積んだ人でも、深夜に電話せずにいられないほど悩むんだ』と驚いたものです。

自分の中ではある程度の方向性を決めていても、最後の決断がしきれないという人もいらっしゃいます。人と話すことで頭の中が整理され、原点に立ち戻って判断ができたり、一歩前に踏み出すきっかけが得られたりすることもあるものです。そうした『壁打ち』相手として、コンサルタントの存在を役立てるといいでしょう」（波戸内氏）

❖長いビジネス人生の「パートナー」と位置づける

コンサルタントに相談したからといって、転職しなければならないわけではありません。「かかりつけ医」を持つのと同様、「キャリアの相談相手」という位置づけで活用すればいいのです。

実際、株式会社リクルートエグゼクティブエージェントのコンサルタントに相談を寄せているビジネスパーソンの方々の中には、一度も転職しないまま3年も5年もお付き合いを続けている方もいるそうです。「彼らは、コンサルタントから継続して情報を得て、常に『今の自分の可能性』を考えながら、転職のベストタイミングを計っている」と波戸内氏は分析しています。一方で、「コンサルタントのアドバイスを受け、今の会社に在籍したまま、今後の転職にプラスとなるスキルを身に付ける方もいらっしゃいます。『今すぐ転職するには経験が足りない。今の会社でこういう実績を積んでから動きましょう』――コンサルタントからそんな提案をするケースもよくあるのです」（波戸内氏）。

❖「自分のためを思ってくれているかどうか」を見きわめる

「転職エージェント」（「ヘッドハンティングファーム」や「エグゼクティブサーチファーム」という呼び名もありますが）は、世の中に多数存在します。その仕組みや活動方針はさまざま。どのエージェントと付き合うかは、慎重に見きわめたいところです。

波戸内氏は「自分の人生の応援者になってくれるエージェントかどうか」を選ぶべきだと指摘します。

「注意して観察したいのは、そのエージェントが『求人企業』か『転職希望者』のどちらをより向いているか。私が理想と考えるのは、企業と転職希望者のいずれに対しても『１００％』というスタンスです。転職希望者にとっては人生がかかっていること、企業にとっては存続や成長、ひいては社会全体の成長がかかっていること。どちらも大切です。

しかし、中には１００％企業側を向いているエージェントが存在するのも事実です。クライアント企業のニーズに応えるため、転職希望者の意向にかかわらず『あなたに合っている』と口説き落とし、クライアント企業に押し込もうとするエージェントも一部には見られます。話をしてみて、そのエージェントが本当に自分のためを思って、自分のためになる情報提供やアドバイスをしてくれているかどうか、感じとってみてください。本当にあなたのためを思うエージェントであれば、むやみに転職を勧めず、『今の会社に残るメリット』も踏まえた提案をしてくれるはずです。

また、付き合う転職エージェントは１社に決める必要はありません。選択肢を１つでも多く持つためには、むしろ複数のエージェントと付き合うことをお勧めします。『よそとは付き合わないでくれ』というエージェントがいたとしたら、独自で持っている求人案件が少なく、自信がないことを疑ったほうがいいかもしれません。

いくつかのエージェントに登録した場合、複数のエージェントから同じ企業の求人案件を紹介されることもよくあります。同じ会社の求人案件でも『初回から社長に会っていただきます』というエージェント、『まず人事部長との面接です』というエージェントなど、対応が分かれることがあります。つまり、同じ求人案件を持っていても、エージェントによってどれだけ相手企業の懐に入り込んでいるか、どれだけ信頼を得ているかのレベルが異なるということ。それを探ってみてください」（波戸内氏）。

単なる「情報提供者」ではなく「人生の応援者」になってくれるかどうか。そんなエージェントと出会えるかどうかによって、確かにキャリアの道筋は大きく変わるかもしれません。

❖インパクトのある自己ＰＲで自らを売り込む

経営層・管理職クラスの百戦錬磨のビジネスパーソンであっても、転職には慣れないもの。ご自身で最初に作成したレジュメ（職務経歴書）では相手企業に強みがまったく伝わらない、というのはよくあることです。特に、「やってきたこと」だけが羅列されていて「成果」が不明瞭、というケースがよくあるパターン。どう伝えれば自身の価値がよりストレートに伝わるのか？　実際にエグゼクティブの転職支援を手がけている、株式会社リクルートエグゼクティブエージェントのコンサルタント、中村一正氏、渡部洋子氏、山室広幸氏の３人のプロのコメントを交えてお伝えします。

❖「このプロジェクトを手がけました」だけでは伝わらない

「前職企業では、◯◯のプロジェクトを手がけてきました」

キャリアコンサルタントとの最初の面談において、ご自身の実績を語る際、手がけたプロジェクトの概要だけを話して終わる人は少なくありません。それが世間にも広く知られた商品やサービスなどである場合、ご本人はことさら自信満々に「あれは私がやりました」と語ります。しかし、その詳細な内容やご本人の関与度についてキャリアコンサルタントに深く突っ込まれると、途端に歯切れが悪くなる人も。

「私たちコンサルタントは、その方のお仕事ぶりを具体的にイメージできるように、細かなプロセスをお聞きします。例えば、『最初は何人のメンバーからスタートされたのですか』『そういう会議は本社の会議室で行うのですか』『提携先はどのように選んだのですか』『社内調整や取引先との交渉で苦労したことは』といったように。そうした質疑応答を重ねるうちに、『実務は部下たちがやったんだな』『プロジェクトを回していたのは上司で、この方は事務手続きを担当していたんだな』といったことがわかってきます。当然ながら、採用側の企業も同じようなことを突っ込んで聞きますので、『このプロジェクトを手がけました』だけのアピールでは評価されにくいといえます」（中村一正氏）。

携わったプロジェクトでの実績をアピールするのであれば、「その中で自分はどんな役割を担ったのか」「自分の職責において、具体的にどんな成果を上げたのか」まで伝えないと、採用側は納得しないというわけです。今後、転職を視野に入れている方は、担当してきたプロジェクトにおいて、これらの点を明確に整理しておくことをお勧めします。

❖日本人独特の「謙遜」でチャンスを逃す人も

一方、渡部洋子氏が目の当たりにした転職希望者の事例にはこのようなケースがあります。

「Ｆさんは、国内大手企業の経営企画部門に在籍し、ある企業のＭ＆Ａ（合併・買収）からその後の統合までのプロジェクトを手がけた方でした。Ｆさんは某企業に興味を持って、採用面談に臨みました。面談担当者がＭ＆Ａおよび統合業務の経験について『それは大変だったでしょうね。ところで、Ｆさんは具体的にどんなことをされたのですか』と尋ねたとき、Ｆさんはこう答えたのです。

『いやいや、部下たちが大変優秀でして。おかげさまで、皆さんに助けられて何とかやり遂げることができました』

Fさんはご自身の役割や行動を語ることなく、結局、採用を見送られてしまいました。日本の大規模組織においては、『チームワーク』を重んじ、『自分が自分が』でなく『みんなで力を合わせて』を価値とする風土が根付いている企業も多くあります。Fさんは、自分がリーダーとして果たした役割をしっかり伝えるべき場面でも『謙虚』な話し方をする習慣から抜けられなかったせいで、チャンスを逃してしまったのです。

多くの人が関わるプロジェクトは、組織の総合力によって目標達成に導かれていることも現実的にあります。しかし、その人の力があってこそ前進したこと、突破できたこともあるはず。Fさんの場合であれば、M&A先の企業にどんな課題があり、そこでそれぞれメンバーとどう関わり、自分がどのようにリーダーシップを発揮したのか、具体的に語ることで、Fさんならではの強みを伝えることができたでしょう。経験したことを振り返り、自身の能力を客観視すること、それを言語化しておくことはとても大切です」（渡部洋子氏）。

❖相手企業が確かめたいのは「成果の再現性」

外資系企業では、昇格にあたって「コンピテンシー・インタビュー（適性面接）」が行われ、これまで取り組んだこと、自身の強みなどを伝える機会があります。この場では、過去に生み出した成果をさらに高次元で再現できるかどうかがチェックされるため、試される側も相手を納得させられるだけの素材を準備し、アピールします。結果として、自身の仕事の成果を具体化して第三者に伝える力が鍛えられていきます。

一方、日本企業1社に長く在籍していると、そうした機会が少なく、なかなか自己アピール力が育ちにくいようです。しかし、採用面接では自己アピールを適切にできるよう準備しておくことは不可欠です。山室広幸氏は「『成果の再現性』を意識してほしい」と語ります。

「例えば、人事スペシャリストが前の会社で新たな人事制度を構築した経験をアピールする場合、外部の専門コンサルタントの協力を得たのか、自身で設計から導入まで手がけたのかで、その経験の価値は大きく変わってきます。私が見てきた会社では、

『コンサルタントに頼るのが嫌い。すべて自社内で行う』という主義の経営者もいました。そうした企業に応募する場合は、外部業者をコントロールするマネジメント力よりも、自身で推進する実行力をアピールしてこそ『前職での成果を自社でも再現してくれそうだ』という評価を得られるわけです。応募先企業に合わせ、その会社での『再現可能性』を伝えることを心がけていただきたいと思います」（山室広幸氏）。

また、プロフェッショナルなキャリアコンサルタントが口をそろえてアドバイスするのは「自身の業績を過大評価も過小評価もせず、事実をありのまま具体的に伝えるべし」ということ。

「採用選考に臨む際には自分を大きく見せたくなりがちですが、等身大の自分でいたほうがいい。大上段に構えた状態で採用されたとしても、入社後に苦労します。等身大の自分を受け入れてくれる会社を探すべきであるし、本当に成果を上げてきた方であれば等身大でも十分迫力があるのですから」（中村一正氏）。

第４章

転職先の見つけ方・選び方

❖「モノ軸」「コト軸」、どちらを重視？

転職に関する相談を受ける中で、なかなか転職先が決まらない方に共通する典型的なパターンがあります。

Gさん　「広告業界は顧客がコロコロ変わるのでNGにしています。自社製品の広報職でキャリアを深めていきたいので、形がある製品を作っているメーカーで広報の仕事を探しています。希望年収はこれまでと同水準かそれ以上を希望しています。エリアは渋谷から池袋に絞っています」というケース。

「何となくいい求人がないか探している」という方に比べれば、希望条件が自分の中で煮詰まるまで、しっかり検討されておられているので、例えば求人サイトを使う際にはとても検索しやすいはずです。ただ、その条件が、転職市場で需要や出現率が少ない職域・地域・条件だった場合、この希望条件が極端に選択肢を減らすことがあります。

市場の需給バランスに関係なく、除外する条件や、求める条件（業界・職種・給与・勤務地・休日）が、特定されればされるほど、キャリアの可能性が格段に狭まっていきます。逆に、アドバイザーに、たくさん選択肢を提供できる余地を与えてくれる方に共通する傾向もあります。

Hさん　「長く深く人間関係を構築できて、かつプロモーションのスキルを生かせる仕事を希望しています。メーカーとか商社はあまり気にしませんが、お客さまの要望がダイレクトに返ってくる環境かどうかは重視しています。初年度の年収は下がっても、実績によって報酬が上がっていく可能性があれば、頑張っていけると思います」。

これくらいまで要件が抽象度化されると、一気に幅広い求人が浮かび上がってきます。

この違いはいったいどこにあるのでしょうか？　検索条件が明確なGさんは、具体的な「モノ軸」で〝求人〟を探しています。まさに転職サイトで検索している軸を、キャリアアドバイザーに伝えている状態です。除外する項目も明確なため、アドバイザーの力量に関係なく、同じ回答が返ってくる指示方法です。一方で、Hさんは、自分が大切にしている「コト軸」で〝可能性〟を探していると言ってもいいかもしれません。アドバイザーの客観視点を最大に引き出す相談方法になっています。

どちらの方法がいいかは、その方の置かれている状況や、こだわりの強弱、市場の需給バランスなど、複合的なので、一概には言えませんが、せっかく人材紹介会社のアドバイザーに対面で相談するのであれば、Hさん型のほうが、上手にアドバイザーを活用しているといえるかもしれません。

❖「いま、ここ、自分志向」が後悔を生む

転職した後で後悔する方の傾向として、「いま、ここ、自分志向」というものがあります。

この3つのキーワードが先行する状態は、なんらかの焦りを持たれているケースで、通常と比べても視野狭窄《きょうさく》の袋小路に入りかかっている可能性があります。

1つめの「いま」というキーワードは、「転職した瞬間から、一定以上の役割や報酬を求めてしまう」というケースです。「転職後すぐ部長以上の役割を担いたい」「入社した段階から前職水準の年収を確約してほしい」という方がおられます。こういう場合、相思相愛で最終面接まで進み、ほぼ内定が決まりそうな場面でも、条件面の考え方の相違で破談になることもあり、活躍機会を逃してしまう残念な事態になりがちです。

守るべき家族や生活がある以上、特に経済面での安定性の確保が最優先されることは当然です。ただ、逆の観点から見ると、雇用する側にも「採用した人が必ずしも自社の風土や業務に適性を発揮して活躍してくれるかどうかわからない」というリスクがあります。

特に、業界や職務に土地勘がある方であれば、自分なりに生み出せる成果もある程度見通せるはずなので、半年後や1年後にどれだけの成果を出せば、どんな待遇が得られるのかを確認しつつ、入社直後の、双方にとってのテスト走行期間は、いくらかの条件的譲歩をするということも有効な戦術になりえます。ぜひ「時間を味方につける」という考え方も視野に入れていただければと思います。

2つめの「ここ」というキーワードは、主に求人案件の重要な選択肢となる、業界や仕事、地域を指しています。

業界や仕事については、「今までやってきた業界」「今まで担当してきた職種」しか選択肢に入らないという〝限定型〟と、「絶対に考えたくない業界」「決して検討したくない職種」が多い〝食わず嫌い型〟があります。

「これまで積み上げてきた経験という財産を手放したくない」という気持ちは、とても自然なものですが、「自分が気づいていなかった強みが発揮できる機会」や「自分の経験が意外なところで転用できる機会」まで潰してしまうのはもったいない、と思う場面は本当に多いものです。

また、地域については、長く暮らしている地域や通勤可能な範囲に過剰にこだわる〝テリトリー型〟の活動を指しています。家族の介護や、健康に関することなど、やむをえないケースを除けば、エリアを広げるだけで選択肢が10倍以上に増えることもよくあります。

3つめの「自分」というキーワードは、「自己の能力を固定的なものとしてとらえていること」を指しています。

これも、時間を味方に付けられていない現象の1つですが、「自分の能力はこれ以上、進化も成長もしないもの」ととらえてしまうリスクです。

特定の分野での経験やスキル、知識を豊富に持っていることと、今後の自分の成長は本来は無関係なはずなのですが、経験値が高い人ほど、無意識のうちに上限値を決められているふしが見えることがあります。ここに自己評価のズレが重なると、求人を選択する基準にぶれが生じて、自分の力が必要とされ生かされる求人を見落としたり、逆に自分のキャリアが必要とされにくい会社ばかりに応募を続けたりしてしまい、やがてキャリアの迷子になってしまいます。

ちなみに自己評価のズレとは、特定の環境やコンディションに依存していたこれまでの実績を拡大的にとらえてしまい、周囲の評価よりも自己評価を高めに自覚しているケース、逆にかなり応用範囲も広く、他業界から見てもかなり高い評価を得られる力量がありながら、ご自身で過小評価してしまっているケースなどです。

先に異業界に転職した先輩や、異業種の知人・友人、転職コンサルタントなど、自身のキャリア価値を客観的にアドバイスしてくれる人を複数見つけて、転職市場における自分自身のキャリア価値を把握することを強くお勧めします。

❖「やったことがある仕事」が幸せになる仕事とは限らない

35歳を超えてからの転職が難しくなる理由は、大きく2つ。1つ目は募集する側の需要の問題です。ほとんどの組織がピラミッド型で、上に近づくほど年齢が上がる構造になっているため、35歳を過ぎると課長や部長、エグゼクティブなど募集ポストが少ない求人を奪い合うことになるためです。

もう1つは求職者側の視界の問題。通常、仕事を続け、年齢が上がるほど、経験やスキルという「財産」が積みあがってきます。すると「せっかくのキャリアを生かさないともったいない」という心理制約が発生し、選択肢の幅を狭めてしまいやすくなります。子供の学費や住宅ローンなど、年収水準がどうしても譲れない条件になることも多いのが実情です。

結果的に転職先に求める条件は、

●業界・職種＝自分がこれまで生きてきた業界・職種

- 地域＝住宅ローンもあり現住所から通えるエリア
- 役職＝現状維持か、できればプラスアルファ
- 年収＝現状維持か、できればプラスアルファ

ということに要約されてきます。実際には、これらに加えて「人間関係」「経営の健全性」「将来への安定性」など、個別にいくつかの条件も付加されるのが一般的です。仕事を探す側から言えば、必然的で正当な転職先の条件です。

この条件を満たす会社を探すと、自分が勤めてきた会社より規模・安定性・成長性などが優れた同業ライバル企業で、これまでの自分のポスト・年収を維持でき、かつ転居する必要がない求人、ということになります。その条件に合う求人があれば即決する可能性がありますが、きわめてまれです。相手方の企業のピラミッド内部にも、新卒から20年がんばってもポストを得られなかった人も多数いるため、ライバル企業から採用できるのは、結果的に業界を揺るがすような実績がある人に限定されてしまいます。

最初の希望条件でなかなか転職先が決まらない場合、複合的な希望条件を一つ一つ

分解し、条件ごとの優先順位と重みを数値化できるくらいに整理することが不可欠です。優先順位が低い条件から変更できる範囲を設定し、必ず期限を決めて徐々に条件を変えていくこと。現に、東京・大阪・名古屋など都心地域以外の中堅中小企業では後継者不足や次世代幹部候補が不足して、極端な場合はせっかくの順調な事業を廃業するしかないというケースもあるくらいなので、地域や企業規模、業種、職種によって、35歳以上が必要とされている求人は多数あります。こだわりすぎず、あきらめずに、自分が必要とされる場所を見つけるために、ぜひ試していただきたいと思います。

❖まったくの異業種でも、大活躍する人とは？

では、実際に異業種に飛び込んで活躍する人はいるのでしょうか？　過去15年以上にわたり、ミドル世代からシニア世代を専門に、6000人以上の転職希望者と面談し、実際に1000人以上の転職を実現してきた株式会社リクルートキャリアのベテラン転職コンサルタント・柴田教夫氏にインタビューさせていただきました。

――40代以上のミドル世代の転職において、希望通りの転職ができる人と、できない人がいるようですが、この「差」はどこにあるのでしょうか？

「長く同じ業界で、同じ仕事をしてきた方々の傾向として、転職先に対する視野が非常に限定されているケースが多いように感じています。結論としては、自身が携わってきた分野に固執し過ぎることなく、広い視野で経験を生かせる環境を探した方が、希望に近い、あるいは満足度の高い転職を実現できていると思います。

数年前に食品の製造現場において、相次いで異物混入が起きたことがありました。それを受けて、ある関西の老舗食品メーカーから、品質管理の水準を高めるために品質管理部長を採用したいとのご依頼をいただきました。当初のご要望は、当然ながら『食品の品質管理のプロフェッショナル』というものでした。しかし、結果的に採用されたのは、生命保険会社で営業部長をしておられたＩさん（当時52歳）。食品業界でも、品質管理のプロでもない方でした。

一般的に『食品メーカーの品質管理は、特殊な仕事』と捉えられがちです。だからこそ、食品メーカーＡ社も当初は『同じ食品メーカーの品質管理経験者』を求めていたのです。しかし、仕事内容をじっくりお聞きしていくと、現場で働くたくさんのパート、アルバイトを束ね、ルーティン業務である品質管理や衛生管理の行動を徹底させるのが最も重要な役割だとわかったんです。つまり、食品の品質管理や衛生面などの専門性に精通していることよりも、定型的で地道な業務をスタッフに徹底的にやり切ってもらうマネジメント力のほうが重要だったのです。

そこで、まず経験業界や経験職種の枠にとらわれず、ルーティン業務のスタッフマネジメントという観点で候補者を探していきました。そのプロセスで、生命保険の営業現場でたくさんの『生保レディ』を束ねてきたIさんと出会うことができました。ご存じの通り生命保険の営業も、細かな業務の積み重ねが重要で、スタッフの皆さんへの動機付けや業務マネジメントが不可欠な仕事だったからです。

Iさん自身、まさか自分の経験が食品メーカーの品質管理で役立つとは思わなかったでしょう。しかし、我々の提案がきっかけではありましたが、ご自身でこだわりを捨て視野を広げた結果、『この食品メーカーならば自分の力が生かせるのではないか』と気付かれたのです。現在、Iさんはたくさんのパート、アルバイトの皆さんに慕われ大活躍しており、A社にとってもなくてはならない存在になっています」（柴田氏）。

――今まで自分が所属してきた業界や職種でないと「経験が生かせない」と躊躇《ちゅうちょ》してしまう気がするのですが、経験してきた業務を分解してみると、可能性が広がることもあるのですね。

「ほかにもこんな例があります。ある風力発電のベンチャー企業C社では、電力の売買担当者を求めていました。ぴったりの経験を持つ方は、大手電力会社にはいるのですが、その方々の現職での年収と比較して提供できる報酬に大きな隔たりがありました。

しかし、売買担当者の仕事内容をひもといていく過程で、あることに気付きました。

電力は、ためておくことができません。たくさんの電力が発生したときは、すみやかに、かつできるだけ高値で売り、足りないときはできるだけ安値で買って安定供給につなげる必要があります。『もしかするとこの仕事は、為替や株などの売買行為と似ているのではないか。金融業界で為替や株のディーリングを担当している方や、事業会社で資金運用をしている方なら、この世界で活躍できるのではないか』と。

そこで、出身業界にこだわらず広く門戸を開いて候補者を探してみたところ、異業界から20人以上の応募があり、うち3人が採用される結果となりました。採用された方々の出身業界は、メガバンク、生命保険、証券など金融業界でした。まさに前記の仮説通り、為替や株の世界でキャリアを磨いてこられた方々です。年収は3人とも半減。でも今でも『C社に来られて幸せです』と、いきいき働いています。

3人に共通していたのは、当初は『自身の経験は、同業界同職種でしか生かせない』と思いこんでいたこと。そして、毎日何億円規模のお金を動かすダイナミックな仕事は、ときにお客様に大きな損失をもたらすこともあり精神的に疲弊しておられました。転職したくても、『同業他社で同じ仕事に就くしかないだろうから……』と諦めていたところに、この風力発電の仕事と出合い『経験がフルに生かせそうだし、かつクリーンエネルギーの世界で世の中に貢献できる』ことにやりがいを発見されたとのことでした。

この2つの事例のように、自分自身でも気づいていない世界に自身の経験が生かせる場所があるというケースはまだまだ数多く潜んでいます。ぜひ、ご自身のやってきた業務を分解して把握してみること、その上で「同業界・同職種」の枠を頭の中から取り払って検討することをお勧めします」（柴田氏）。

❖自身の専門能力だけでなく「パーソナルスキル」に注目を

――すばらしいケーススタディーですね。しかし世の中には無数の業界があり、さらに多くの仕事があります。どの求人であれば自分の経験やスキルが生かせるのか、どうやって見きわめていけばいいのでしょうか。

「ビジネスパーソンのキャリアは、各業界や職種で磨かれる『専門能力』と、『人とのかかわり方（コミュニケーション力）』『仕事の進め方（ダンドリ力）』という３本柱を主軸に、作り上げられるものだと思っています。

どんなにスペシャルな専門能力を持っている人であっても、同じ部署の人や協力会社など、周囲の人たちとうまく協働できない人はその力を発揮できません。また、仕事の段取りが下手で、スケジュール管理能力が低い人も同様です。

この『人とのかかわり方（コミュニケーション力）』および『仕事の進め方（ダン

ドリ力)』は、業界を超えて持ち運びができる『ポータブルスキル』です。自身の専門能力だけに着目していると、同業界以外には目が向かなくなりますが、自分自身が持っているポータブルスキルに着目して過去のキャリアを見直せば、意外な強みが発見できるかもしれません。そのうえで、視野を広げてさまざまな求人を見れば、『ここならばポータブルスキルを発揮できそう』と気づける可能性が高まると考えています」(柴田氏)。

❖「ポータブルスキル」が人の可能性を拡大させる

柴田教夫氏に語っていただいたケース以外にも、ポータブルスキルを活かした転職事例はあります。少しくどくなりますが、本書で最も重要なパートでもあるので、さらにいくつか追加で事例をご紹介します。

●得意なマネジメント手法を生かし、異業界へ

Jさんは、金融業界で営業部門のマネジャーを長く務めた方。しかし、スタッフ部

門に異動となり、「営業の現場に身を置きたい」という思いから転職を決意しました。「営業マネジャー」の求人案件が複数ある中、Jさんが選んだ転職先は、ホテルやレストランを運営する会社でした。

今まで経験してきた業界とはまったく異なる世界ですが、Jさんの経験が生かせる共通点がありました。それは「女性スタッフが主力の組織」であること。Jさんは前職で女性を対象としたマネジメントを経験しており、女性メンバーへの接し方、モチベーションの高め方などを心得ていました。そのスキルが買われたのです。

このように、業界が異なっても、マネジメントスタイルが共通していれば、歓迎されるケースは多数あります。Jさんの武器は「女性へのマネジメント力」でしたが、「若手中心の組織」「正社員・契約社員・派遣など多様な雇用形態が混在する組織」など、自分がどんな組織、手法のマネジメントが得意かを意識してみてください。思いがけない業界にフィットするかもしれません。

●「仕組み作り」の経験を生かし、異業界へ

ネットサービスの開発を行っていたKさん。40代になって強く意識するようになっ

たのが、「子どもの目に、父の仕事はどう映っているのか」ということでした。「お父さんはよりよい社会をつくるために頑張っている」――。そんな姿を見せたいという思いが強くなり、転職活動を開始。選んだのは、地域の活性化を支援する会社でした。観光やレジャーの知識はなかったKさんですが、「新しい仕組みを作る」「すでにあるものに新たな付加価値をつける」といった経験が地域活性化の施策に生かせると期待され、採用に。入社後は、「事業開発室長」のポジションで活躍されています。

●「海外ビジネス」経験を生かし、異業界へ

大手メーカーで海外事業部門のマネジャーを務めていたLさん。大きな組織では根回しや稟議《りんぎ》に時間がかかり、スピーディーにプロジェクトを推進できないことに不満を抱き、中小ベンチャーへの転職に踏み切りました。

そこで出合ったのは、レジャー用品メーカー。ちょうど海外市場の開拓に乗り出していました。そのメーカーの商材は、Lさんがこれまで扱ってきた法人向け商材とは異なり、最終ユーザーが手に取る商品です。しかし、Lさんの海外市場のマーケティング経験、現地企業との交渉スキルに期待が寄せられ、COO（最高執行責任者）と

して迎えられました。このように、「海外ビジネス」の経験は、思いがけない業界で活かせるチャンスがあります。

「自分のキャリアなら、転職先はこういったところだろう」と、自分のイメージが及ぶ範囲内だけで選んでしまうのはもったいないこと。視野を広げてみると、意外な業界に活躍の場が見つかるかもしれません。

❖得意・不得意・可能性は結局自分にしかわからない

一生で何度も経験することがないゆえに、ノウハウがたまりにくい転職活動。成否を決める最大の要素は、実は自分自身の中にあります。いわゆる〝認知バイアス〟というもので、転職を考える以前から見聞きした情報で、自分の頭の中に出来上がってしまった先入観が、数多くの選択肢をつぶしてしまうケースが非常に起こりやすくなっています。

先入観のタネは最初は小さくても、調べれば調べるほど自分に都合のいい情報だけを集めて、さらに先入観を補強して自己増殖していく性質を持っています。いったんある決断をすると、その後に得られた情報を、決断した内容に有利に解釈していく心理メカニズムです。

バイアスが強い方の共通傾向としては、例えば「規模が小さい会社は（すべて）○○だ」「○○の仕事は（すべて）使い捨てにされる」「○○業界は（すべて）ブラックだ」「○○業界は（すべて）時代遅れで将来性がない」……というように、○○に当てはまるキーワードをすべて同一視する現象が起こる傾向があります。

社長の人格も違えば、社史沿革も違う、一緒に働く人もまったく違う別の会社がまったく同じわけはなく、実際には百社百様なのですが、それが「すべて同じ」に見えてしまい、反射的に排除してしまうパターンに陥ります。

当然、特定の業界や職種に共通する傾向や特色はありますが、実際にその会社で働いてみると、やはり違いは明確に存在します。一社一社の個性をひもといてみていくと、まったく考えていなかった業界に、自分が大切にしていることが守れることがあったり、知らなかっただけで発見できていなかった能力を磨けるチャンスがあったりするのですが、認知バイアスが強くなればなるほど、それらの可能性が文字通り〝秒殺〟されてしまいます。

でも最終的には、自己納得が最重要なので、選択肢が確保できれば万事ＯＫなのですが、認知バイアスがあまりにも強くなると、ＮＧ条件だらけになって選択できる応募先がなくなるか、遠くに小さく見えるだけで手の届かない星のようになってしまい、完全に身動きが取れなくなってしまいます。精神衛生的にも、きわめて不健康です。

転職で一番大切なことは、自分が生かされ、気分よく働き続けられることだと思います。そのために本当に必要な要素を徹底的に絞り込み、できる限り広く選択肢を担保すること。「排除」条件よりも「重視」条件を基に自分の可能性を探していけば、必ず自分が生かされる場所は見つかると信じています。

❖「雇われる側」の視点ではなく「雇う側」の視点で考える

求人企業と求職者の間を橋渡しする転職エージェントをしていて感じることの１つに、「雇う側の視点」と「雇われる側の視点」の間に横たわるギャップの大きさがあります。

求職者が転職を検討する理由の多くは、人間関係と収入アップ。社風や人間関係は、実際に入社したり、配属先部署が決まったりしないとわからないこともあり、転職活動時の視点は、どうしても数字で測ることのできる「年収」に集中しがちです。業界や仕事内容も重要なのですが、求人選択時のスクリーニング項目となるため、年収ほど温度感は上がらないのが実態です。そして、この年収への視点が、雇用されている期間が長ければ長いほど「自分の経験（過去）に、いくら支払ってもらえるのか？」という文脈に陥りやすくなります。

一方、求人企業が人材を雇用する最大の理由は、労働力の拡充による収益の向上です。ちなみに労働力の拡充方法には、人材の雇用以外に、業務委託、代理店、フランチャイズ、業務提携など幅広い選択肢があります。これら雇用以外の選択肢の多くは、成果が上がればコストが発生する成果比例型になっています。雇用という方法だけは、経営者からすると先行投資的なリスクを含む労働力拡充手法ということになります（もちろん、従業員ならではのコミットメントの深さという利点もあるのですが）。そのため、経営者が雇用判断するときの視点は「この人は今後（未来）に、いくら稼いでくれそうなのか？」という投資的な観点になりやすいのです。まとめると以下のようになります。

求職者視点　**「過去の実績を基準に、自分をいくらで買ってもらえる会社か？」**
（過去×現時点の自分×値段）

求人企業視点　**「今後の成果予測を基に、いくらまでなら投資できる人材か？」**
（未来×適応変化の可能性×予測収益）

この両者の間に流れる〝河〟は、想像以上に深いというのがこの仕事を通じて感じる実感です。なにしろ、「今の自分はいくらもらえるのか？」を知りたい求職者と、「あなたへの投資はどれくらいの収益をもたらすのか？」を確認したい経営者とのコミュニケーションですから、当然すれ違いも多く発生します。これは、善しあしの問題というより構造的なギャップです。

逆に今後、転職を考える方には、このギャップを上手に利用していただきたいと考えています。１件の求人に約30人といわれるライバル候補者の多くが、前述した求職者視点を持って面接に臨んでいるとすると、求人企業視点に寄り添った形でアプローチするだけで差別化できるということです。営業職で言えば、「競合以上に顧客の立場に立って、課題を整理し、製品やサービスを提案していく」という行動に該当します。

この製品やサービスが、転職では自分自身に置き換わるだけです。この、能動的な売り込みアプローチは、想像以上に効果を発揮するはずです。

❖自分を採用しなければ損

35歳を超えてからの転職の場合、〝求職者過多・求人過少〟という需給環境になるため、どうしても「自分を採用してくれる会社選び」という観点になりがちです。とはいえ、採用されたら、どんな会社でもOKというわけではないので、「年収はいくらなのか？」「土日は休めるのか？」「残業はどれくらいなのか？」「福利厚生は？」というような自分なりの希望条件が付いて回ります。ただ、この条件を重視しすぎて転職活動をしていると、採用する側からは「受益者としての視点」のみで応募に来た人、に見えてしまいます。

基本的に、「給与」と「働き」は等価交換の契約取引です。つまり、ギブ・アンド・テイクです。そういう意味では、正社員も業務委託も派遣社員もアルバイトも、原則は同じです。ただ、正社員の場合は、特に「自分はその会社でどんな貢献ができるのか？」「いくら会社をもうけさせることができるのか？」というギブの話がまず先にあって、そのギブを値付けしたらいくらくらいに相当するかというテイクの話ができるという順番で考える企業が多いです。

求人の募集要項の作り方は、便宜上、「○○という部署で、○○という仕事を1日○時間遂行してもらうこと」となっています。読み方を間違えると、1日○時間、指示された業務を遂行すればいい、という見え方になりますが、実際に多くの企業が求めているのは、その業務の「遂行」を通じて得られる「成果」です。また、ミドル世代の転職には、どうしても若手のマネジメントを通じた個人成果ではない組織成果への貢献や、即戦力として成果の即効性が求められることも多くなります。

中途採用で起こるコミュニケーションギャップの多くは、「個人としての業務遂行で、いくらの年収をもらえる会社か？」と考えて来る応募者と、「組織全体の成果をどれくらい高めて利益を上げてくれる人材だろうか？」と考える経営者が対面することによって発生しています。どっちもどっちで、自分の都合を優先しているようにみえますが、ミドルの転職を、売り手が多く買い手が少ない市場での「等価交換の売買契約」だと考えると、まず何かを売りたい側が価値をアピールして、買いたい側の気持ちを高めていくという順番のほうが合理的です。

求職活動をする際に、「どんな仕事でいくらの年収か？」という視点ではなく、「自分が参加することで成果を大きくできる会社はないか？」「自分を採用しなければ損をすることになる会社はどこか？」という視点で探してみると、新しい発見があるかもしれません。

❖企業の成長ステージで変わる「求められる人材」

転職活動で候補企業を選ぶ際に注目したいポイントの1つに、企業の「成長ステージ」があります。同じ業種で、求人職種・ポジションが同じであっても、どの成長ステージにあるかによって求められる人材像も大きく変わってきます。自分の力を発揮しやすい環境を見極めることが大切です。

企業が成長を遂げていく過程には、大きく分けると4つのステージがあります。「創業期」「成長期（拡大期）」「成熟期（安定期）」「衰退期（再成長期）」です。

どの成長ステージにあるかによって、当然ながら課題や組織状態が異なります。それぞれの成長ステージの企業が幹部候補人材を採用する場合、どのような違いがあるのでしょうか？

●創業期

会社の設立・稼働から間もない時期です。ビジネスモデルや技術力はあるものの、実行する人が足りない状態であることが多く「事業開発」「戦略企画」などの経験者が求められることが多いようです。特に、社長や経営陣の「経営理念」に共感し、彼らと同じく情熱を持って推進できる人がフィットします。また、仕組みやルールを一から自分で作り上げたい人にも向いています

●成長期（拡大期）

組織の基礎と事業の方向性が固まり、成長を図る段階の企業です。マーケット拡大を担う「マーケティング」「営業・販売マネジャー」の需要が高まりやすい時期です。競合企業が増える前段階で一気にシェアを獲得するため、スピード感を持って推進できる人が求められることも。組織や仕組みを整える時期でもあるため、「経理・財務」「法務」「人事」「広報・宣伝」「購買／調達」「物流」などのスペシャリストも必要になります。ＩＰＯを目指す企業では「ＣＦＯ」「ＩＲ」などのニーズもあります。

●成熟期（安定期）

成長が踊り場にさしかかってくるタイミングの企業です。従来の機能や業務フローに課題が顕在化し、仕組みを見直す必要が生まれ始めます。課題視されている部門・分野については大規模な人材の入れ替えを図るケースが見られます。新たな収益源を確保するため新規事業に乗り出す場合、社内にいない専門知識を持つ人材、異業界出身者が必要とされるケースも多いようです。これまで築いたブランドや資金を活用しながら、新しいビジネスの立ち上げにチャレンジできる可能性があります。

●衰退期（再成長期）

主力事業の業績が下降し始め、撤退や事業売却なども視野に入れつつ、抜本的な事業再編・組織再編に取り組む段階です。思い切った改革を担う「ターンアラウンドマネジャー」など、会社の立て直しに貢献する人材の需要が高まります。V字回復を目指す仕事にやりがいを感じられる人にとっては、再建を果たすことで自らの市場価値を高めるチャンスになるかもしれません。

これらは単純化した傾向論で、実際には1社1社の差異や、事業部門によって成長ステージが異なるなど個別に判断していく必要がありますが、ひとつの尺度として参考にしていただけたら幸いです。

❖組織の風土・カルチャーはどの方向へ向かっているか

このように企業が成長過程ごとに多様に変化していく中で「自分に合う会社かどうか」をどう見極めるのか？　株式会社リクルートエグゼクティブエージェント・代表

取締役の波戸内啓介氏に、その見極め方のコツを聞きました。

「企業の成長過程で、ほとんどの経営者は、ある『壁』にぶつかります。それは、既存社員と新規採用社員の間に生じるギャップです。そのギャップとは、『能力レベル』のほか、『理念・価値観』の部分でも生じます。少人数体制の頃には、同じ『企業DNA』を持ったメンバーで固められていますが、人数が増えるにつれて、そのDNAを全員に引き継いでいくのが困難となります。

経営者にとっては、理念・価値観の統一にこだわるか、多様化を受け入れるかを判断しなければならないというわけです。

このときの経営者の判断は、その後の企業風土醸成に大きな影響を与えることになります。転職を検討する側の立場としては、自分の経験・能力が活かせる企業であるかどうかとともに、風土・カルチャーに共感できるか、自分がなじめるかという点にも注目してみてください。

風土が合うかどうかは、皆さんが想像する以上に重要なポイントです。植物と同じで、どんなに優秀な種であっても、土壌によって美しく咲くこともあれば芽も出せないまま終わることもあります。くれぐれも見誤らないようにしていただきたいと思います」（波戸内氏）。

では、志望企業の風土・カルチャーを具体的にどのように見極めるのでしょうか。もちろん、ホームページ、メディアの記事、あるいは経営者や社員のブログやＳＮＳなどに目を通すことでつかめる部分もありますが、「やはり自分自身の肌で感じるのが一番」だと波戸内氏。だからこそ入社を決める前にお勧めしたい行動が２点あると言います。

●経営陣と「オフ」の場で対話する機会を持つ

「経営幹部の採用選考にあたり、我々のような転職エージェントからは、会食の場を設けることをお勧めしています。会議室で面接するだけでなく、『オフ』の場でリラックスして語り合うことで、お互いの本音をつかみ、マッチするかどうかを見極めるのです。

企業から申し出がない場合は、こちらから提案してみるといいでしょう。

ただし、お酒が入ったことによって気持ちがオープンになり、前の会社の悪口・愚痴をぶちまけてしまう人も少なからずいらっしゃいます。信頼を損なって『破談』となることもあるため、注意が必要です」(波戸内氏)。

●「現場」の人と会わせてもらう

「経営者はときに、話を『盛る』ことがあります。夢や理想を熱く語っていても、現実が追いついていないこともあるものです。そこで、現場を見学させてもらったり、現場で働くメンバーと話す機会を設けてもらったりすることで、自分自身で感じとることが大切です。特に、これまで1社でしか勤務経験がない方は、企業の風土・カルチャーをしっかり観察してみてください。『当たり前』『常識』と思っていた考え方や価値観が、風土の異なる企業ではまったく通じないこともあるのです。入社後にミスマッチに気付くことのないよう、しっかりと見極めてください」(波戸内氏)。

章

5

転職活動を成功させる方法

❖「経歴はカンペキ」なのに不採用になる人

中途採用選考で、書類選考を高い評価でクリアしたにもかかわらず、面接で不採用になるケースはよくあることです。その主な理由には「社風が合わない」「会社が目指す方向性と本人の志向が一致しない」「給与など条件面が折り合わない」などが挙げられますが、中には応募者にとって思いがけない理由で不採用の判断が下されることも。少し意識して対策を準備しておくだけでそのリスクを下げられることも多いので、ぜひ次のような事例を参考にしてください。

❖「能力・実績を全面的にアピール」が裏目に

本人が意識しないうちに失敗する「不採用」のパターンとして、「自己アピールが裏目に出る」ということがあります。面接では、自分のキャリアや能力を最大限プレゼンしようとしがち。「こんな経験を積みました」「こんなスキルを身に付けました」

というアピールに終始する人が少なくありません。

リクルートエグゼクティブエージェントで数々のエグゼクティブの転職支援をしてきたコンサルタント・森本千賀子氏に、面接時のリスクを聞きました。

「面接の自己ＰＲで、過去の経験・実績を語ることに集中するあまり、『なぜこの会社に入りたいのか』『この会社で何がしたいのか』『この会社で働くことで、自分はどうなりたいのか』という目的意識が抜け落ちている人が意外と多いのです。

企業側としては、もちろんこれまでの経験を生かしてほしいものの、成長意欲があり『伸びしろ』を感じさせる人を求めています。実際、選考現場で『即戦力となる経験を持つ人』と『経験は浅いが向上心が高い人』とが比較され、後者が選ばれることもよくあります。『過去の実績』という経験値だけでなく『今後のビジョン』を語れるようにしておくことが大切です。

一方で、『優れた能力と実績』をアピールしすぎると、企業側にかえって不安を抱かせることもあります。『うちの会社では物足りなくて、すぐに辞めてしまうのでは』と思われるのです。

あるいは、チームワークを重視する会社であれば、『上司よりも優秀だと、マネジメントがしづらいのではないか』『他の社員とギャップがありすぎて浮くのではないか』『ある意味、オーバースペックではないか』といった懸念も抱かれるでしょう。

こうした事態を防ぐには、自分の能力を何でもかんでもアピールしようとするのではなく、相手企業の『ニーズ』を意識してつかむことが大切です。企業サイトに記されているメッセージや今後のビジョンなどから、今回の採用背景、自分に期待される役割などを想像し、それらが自分のキャリアのどの部分と重なるのかを見極めてください。その部分にフォーカスして語るようにするとよいでしょう」（森本氏）。

❖不用意な「提言」で不信感を抱かれる

「一方で、自身の能力の高さ、意欲をアピールしようとして、相手企業の経営方針に対し『こうするのがいいのではないでしょうか』『こうするべきだと思います』など、積極的に提言する人もいらっしゃいます。これがうまくハマればいいのですが、的外れになってしまうこともあります。『うちの考え方とはズレている』と思われると『縁がなかった』と結論付けられてしまいます」（森本氏）。

企業の実情や社内の空気感を正しく理解しないうちに、不用意な提言をするのは控えたほうがよさそうです。ただし、企業から意見を求められたり、あなたならどうするかと水を向けられたりした場合は、「もしかしたら過去に検討されたことかもしれませんが」などと前置きをつけながら堂々と自身の意見を語る必要があります。

❖入社時の肩書にこだわりすぎて、拒絶される

面接も順調に進み、内定の方向で進んでいても、結果的に採用を見送られることがあります。「給与条件が折り合わない」なら双方納得できる理由といえますが、中には「管理職の肩書を持って入社したい」という希望を主張し、拒絶されるケースもあります。実際に、近い将来に管理職としての活躍を期待しての採用であったとしても、です。

応募者側としては、既存社員に対して権威を持ちたい、あるいは家族や同僚、友人に対して「部長待遇で迎えられる」という体裁を整えたい気持ちがあります。ところが、企業側では、「まずはフラットな立場で入社し、職場や既存社員になじんだ上で、

周囲が認めるかたちで昇格させたい」と考えるケースも少なくありません。肩書を持つことに強くこだわる応募者は、「肩書がないと仕事ができないのか」という不信感を抱かれ、破談になることもあります。

❖無意識のふるまいが不信感を与える

採用・不採用のボーダーラインにいる場合などは、ほんのちょっとした「引っかかり」によって、一気にマイナス評価に傾くことがあります。森本千賀子氏が面接に同席したときに、実際にあった事例を聞きました。

「Mさんの面接はスムーズに進みましたが、最後の最後で面接担当者が首をかしげることが起こりました。

面接担当者が『何か質問はありますか？』とたずねると、Mさんは会社の業績や今後の事業計画に関する数値について細かく質問。面接担当者は数値データを示しながらていねいに回答しました。しかし、Mさんは、ふんふんとうなずくだけで一切メモを取らなかったのです。聞いただけで数値が示す意味が理解できたとも、数値を記憶できているとも思えません。

面接対策本などにはよく、『最後に質問があるかたずねられたら、必ず何か質問すべし』と書かれています。Mさんは、それを表面的に行っただけなのが見てとれました。結果、Mさんは『本気度』が低いと見なされ、採用を見送られました。

一方、Nさんの場合、『コミュニケーション力』に疑問を持たれ、不採用となりました。おそらくNさん本人は、質疑応答を問題なくこなしたと思っていたでしょう。確かに、口頭での受け答えはスムーズでした。しかし、Nさんは面接担当者3人を目の前にして、終始1人としか目を合わせなかったのです。

面接の場には、社長、人事部長、私の3人が出席し、人事部長が質問を行いました。それに対し、Nさんは人事部長の方だけを向いて答え続け、私と社長には一度も目を向けなかったのです。これが『コミュニケーション力に難あり』という評価になってしまいました。

これはNさんに限らず、よく見るケースです。面接の場に複数の人がいた場合、質問者は1人でも、なるべく視線を全員に均等に振ることを心がけてください」（森本氏）。

❖いくら話したいことが多くても、面接でしゃべりすぎない

ミドル・シニア世代1000人以上の転職を実現してきた株式会社リクルートキャリアのベテラン転職コンサルタント・柴田教夫氏にも、「希望通りの転職ができない人」の傾向と対策を聞いてみました。

「私の経験値からですが、面接で落ちてしまう方の多くは『雄弁すぎること』がボトルネックになっているケースが多いようです。

例えば、『最初に自己紹介をお願いします』と言われて、20分以上、延々と話し続けてしまう方がいます。特にミドル世代以上の方々は、経験が豊富なだけに、自分をPRしようとあらゆる経験をすべて話したいという心理が働くのでしょう。話さなければ伝わらないと思うかもしれませんが、聞く側からすれば、限られた面接時間で自己PRだけで長時間を割かれると『しんどい』のが実感だと思います。

1つの質問への回答は、長くても3分以内。しかも、冒頭の自己紹介は名前と簡単な経歴紹介で十分、できれば1分程度で済ませたいところです。自己紹介やPR、職

務経歴紹介など、聞かれそうな質問には、1～3分で答えられるよう準備しておくとよいでしょう。

そして、重要なポイントがもう1つ。あくまで『聞かれた質問にだけ答える』ことです。あれもこれも話したくなるでしょうが、ぐっとこらえながら質問の要点をとらえ、できる限り簡潔に回答するよう心がけてください。

相手がもっと深く聞きたいと思ったら、必ず深掘りした質問が出されますから、そのときに深く話せばよいのです。そのほうが、会話のキャッチボールが生まれます。どうしても話しておきたいことがおありの場合は、まずは簡潔に要点を答えた上で、『もう少し補足説明させていただいてもよろしいですか？』と聞いてみるといいでしょう。

面接はコミュニケーションです。一方的にしゃべり続けていては相手に伝わりませんし、「この人は、話が長い、くどい……コミュニケーションが苦手な人」と判断される恐れがあるので注意が必要です。」

——経験豊富なミドル層こそ、自身の魅力を簡潔に伝える練習をしたほうがいいのか

もしれませんね。

「その通りです。せっかくの経験、スキルなのですから、ぜひ効果的にアピールしてほしいですね。

そしてもう一点、気を付けたほうがいいと思うのは『態度』です。一次面接など選考過程の初めの方では、若手の人事担当者が出てくるケースがあります。そんなとき、一気に尊大な態度を取ってしまう方が意外に多く、驚かされることがあります。椅子の背にもたれる、腕を組む、脚を組む、『～だよね』などくだけた言葉遣いになる……などなど。人事担当者が若い方だとつい油断してしまい、無意識のうちに自分の部下と接しているような態度が出てしまう。そういうことは、避けていただきたいですね。

こう言ってしまっては身も蓋もありませんが、最終的には『人柄』が採否に大きく影響することは間違いないです。年齢に関係なく、人間らしい愛嬌《あいきょう》がある方は、経歴うんぬんよりも『この人と一緒に働いてみたい』と思ってもらいやすい。この人が入社したら、チームが明るくなりそうだな、ちょっとしんどい仕事も嫌がらず笑顔でやってくれそうだな、などと、入社後のイメージが湧きやすくなるようです。

一方で、経験やスキル、専門能力がどれほど高かろうとも、『人間味や愛嬌が感じられにくい』方は、結果的に企業から敬遠されがちです。既存社員とうまくコミュニケーションを取れると思えず、活躍できるイメージにつながらないようです。

企業の役員クラスなど、ポジションが高い人ほど、若手に対してもていねいで礼儀正しい人が多いと感じます。『実るほど　こうべを垂れる　稲穂かな』――長く活躍し続けてきたミドル世代の方々にこそ、ぜひこの言葉を心に留めていただければと思います」（柴田教夫氏）。

❖「頭脳明晰、中身は空っぽ」と言われないために

上記のようなＰＲ過剰型のケース以外にも、40代以上の経営幹部クラスの方でも、転職経験が数少なければ「自己ＰＲの方法がわからない」という方もたくさんおられます。

先日、売り上げ30億円規模の医薬品製造の上場企業で、営業部長職として勤務され

ている48歳のOさんと、キャリア相談の件でお会いしました。年齢を感じさせないくらいとてもさわやかで魅力的な笑顔、会話の仕方、ポイントを突いた回答など、かなり仕事ができる方、という第一印象でした。職務経歴書には、数々のプロジェクトの成功が、売上金額や達成率、シェア改善などの数字とともに見事に並んでいます。

ただ、じっくり話を伺っていくと、いくつか気になるポイントがありました。

1つめは、過去の転職歴が6社と比較的多く、その時々の転職理由に受動的なものが多かったこと。「入社前に聞いていた営業戦略がトップの方針変更で実現できなくなった（営業部長を1年で退職）」や、「思った以上に長時間労働で、体力的にもたなくなった（事業部長を1年半で退職）」など、職責の大きさと退職理由にギャップがあることに違和感を持ちました。

もし営業部長として入社されたなら営業戦略の意思決定に権限責任を持っているはずだし、事業部長であれば、自分だけでなく組織全体の労働時間の在り方なども逆に自ら改善していくべきではないか、といった疑問です。ひと言でいうと「自分に権限があるにもかかわらず他責的」ということです。

2つめは、職務経歴書に書かれた輝かしい業績に対するご自身の関与度が、具体的に語られなかったことです。管理職以上の方であれば、当然、個人としての業績ではなく、担当組織全体の結果が問われるのは当然です。その業績結果を生み出すために、責任者としてどう関わり、どのように戦略を練り、戦術的な工夫をしたのか、という部分がすっぽり抜け落ちていたため、リアリティーが感じとれませんでした。

そして3つめが、これまでの仕事とこれからやっていきたいことの中に、ご自身の意思が盛り込まれた発言が少なかったこと。長いビジネスキャリアを通じてやり遂げてきたことや身に付けてこられた力量を使って、残り20年という仕事人生の最終フェーズで「何をやりたいのか？」「どんな結果を生み出したいのか？」というご自身の本音は、ほとんど表現されることがありませんでした。

いくつか角度を変えて質問をしても、職務経歴書に書かれている抽象度の高い〝きれいな言葉〟が繰り返されるだけでした。ご本人もこちらの意図に応えようとしてくださるのですが、生々しい言葉や本音がうまく表現できず、苦しいご様子でした。話題を変えて現在の活動状況を伺うと、15社に応募して面接まで進んだのが4社、どれも結果が芳しくないとのこと。

「今後、うちでどんなことをやっていきたいのか、という質問を面接で聞かれませんでしたか？」とうかがうと、「確かに同じニュアンスの質問は4社ともありましたが、なかなかうまく答えられませんでした」ということでした。不採用になった1社からは転職エージェント経由で「まじめで礼儀正しく、頭脳も明晰《めいせき》、コミュニケーションも優れているが、ご自身の意思は空っぽなのではないか？」という不採用理由を聞かされショックを受けた、と正直に話してくださいました。

❖事実と思いを重ねて仕事人生をストーリー化する

新卒や第2新卒とは異なり、ある程度経験を持ったベテランの方の転職の場合は、どんな仕事でも多かれ少なかれ、自分なりに戦略を練る力、周囲のメンバーをマネジメントする力、そしてメンバーのマインドを奮い立たせるリーダーシップを求められるケースが圧倒的に増加します。

ただ、歴史の古い会社や、景気に左右されない安定的な業界、カリスマ経営者がトップダウンで長年采配を振るうなど、閉鎖的な環境で変化が少ない業界の場合は、管理職であってもプレーヤーに近い期待値しか受けないこともあります。そういう環境に長くなじんでしまうと、当然ながら、自分の頭の中での管理職や経営幹部の役割責任の定義が、本来求められるべき範囲よりも小さなものになってしまうことがあります。一生、同じ環境にいるのであればそれでも問題はありませんが、いざ外部に出て、競争環境の激しい会社の経営幹部というモノサシで期待を受けると、それに応えきれずにオーバーフローしてしまいます。

その段階で、社会人として生まれ育った環境に疑問を持ち、ギャップ解消に動き出せればいいのですが、長年の習慣はなかなか簡単には変えられません。結果的に、他責的になり、次の職場へ移り、また同じ壁にぶつかる、というケースは往々にしてあります。「1社目の経験が長く、それ以降、短期間で転職を繰り返す」というパターンの方は、その可能性が高いかもしれません。

ただ、だからと言って、方法がないわけではありません。Oさんの場合にも、ていねいに過去の仕事をひもといていくと、やはり自分の意思で業績を生み出してきた事実はありました。社長の出す方針に疑問を感じて、顧客の利益と会社の継続的利益を考えると、短期的に損をするように見えても、長期的に必ず顧客からの支持につながるという販促施策を勝ち取った経験が、ようやくOさんの口から出てきました。

自分自身が確信をもって、かつ周囲の圧力と戦って勝ち取った成果は、高い自己信頼とともに語られるので、当然、説得力は圧倒的です。その当時の自分の思い、社長と議論する勇気を振り絞れた理由、戦略変更が実現した際に喜んでくれた部下たちの喜ぶ姿。みずみずしくリアリティーを持った話こそ、Oさん自身を表すエピソードとして語られるべきものでした。さっそくOさんは職務経歴書を肉付けし、面接時の自己紹介でのスクリプトも大幅に変更したと連絡をくれました。まだ結果は出ていませんが、必ず面接相手の心を動かすエピソードになると信じています。

❖自分は何屋なのか？ にエッジを立てる

総合職として採用され、数年で部署や役割の異動があることが当たり前の「日本型カンパニー採用」では、どうしてもキャリアが複層化し、かつ器用な人であればあるほど、それに順応して成果を残せるがために、「均整の取れたゼネラリスト」になりがちです。組織の意をくんで、周囲と調整しながら求められた成果を生み出していく優れたオペレーターとしての経験値が積み上がり、役職が上がり、報酬も上がっていくシステムは、まだ多くの業界に残っています。

表向きには年功序列制度が廃止されている会社であっても、マネジメントシステムや評価制度の運用が根本的に変わっていないために、旧来型の人材が育成される土壌が温存されていると言ってもいいかもしれません。

そんな環境の中で長年やってきた方でも、キャリアの中での「取捨・軽重・後先・シェア」は必ず順序づけられるはずです。自分なりに考える得意分野や達成感の強かった業績、特に自分の意思が発露され、成功につながったエピソードを重点的に「自分はいったい何屋なのか？」を煮詰めていくと、生き生きと働きながら次の会社で貢献できることを訴求できる可能性が高まります。

特に、成功体験のエピソードの中には、その人独自の仕事への向き合い方、周囲とのかかわり方（働きかけ方）、戦略や戦術面での個性、粘り強さが凝縮されているはずです。ぜひそんなエピソードを、まずは１つだけでも、ストーリーとして再整理してみることを強く勧めたいと思います。

目の前に立ちはだかっていた壁を乗り越えるために、どんな戦略を考え、誰をどのように巻き込み、どのような計画を立て、計画通りにいかなかった際にどのように戦術を変更し、そして目標をクリアしていったのか。目の前でドラマを見ているかのように表現できるだけで、面接担当者があなたに引きつけられていく度合いはまったく変わるかもしれません。その力量を応募先の会社で活かすことで、どんなシナジーが生まれ、事業を推進させてくれるか、相手をわくわくさせることも決して不可能ではありません。

❖40代でも企業に必要とされる人の共通点

以前は、多くの大手企業において、30代中盤までに「どの社員を管理職や経営幹部に育てていくか？」の選別ジャッジメントが行われていました。20代で現場の最前線を任せ、30歳手前でリーダーを経験させることで、後輩育成や組織マネジメントの基礎を学んでもらう。その働きぶりを見て「この人を課長以上に昇進させるかどうか？」を判断していたのです。

その影響もあってか、「30代中盤以上の人材は、外部からの中途採用では受け入れにくい」という側面がありました。ようやく選別が終わったタイミングの同世代社員とのバランスが取りづらいし、そもそも採用時に「この人は管理職に適任かどうか」を予測する方法やツールも整備されていなかったこともあると思われます。

しかし、バブル崩壊後の極端な新卒採用の縮小により、企業内の人口構成ピラミッドがいびつになってしまったことが原因で、このセオリーが当てはめられなくなってしまいました。世代ごとの人口バランスがバラバラなので、20代のうちにリーダーを経験させることができなくなり、幹部候補の選別ジャッジがどんどん後ろ倒しになってきたことが最大の理由です。

さらには企業の業績が右肩上がりを続けている状態ならよかったのですが、成長が鈍化する企業が多い中では、管理職のポスト数そのものが減少してさらに狭き門になったこともあり、ますます「誰を抜てきするべきか」のジャッジが難しくなっていきます。

また、逆に成長を続けている企業の場合は、ミドルマネジメント世代の数が足りなくなり、内部人材の選別どころか、外部からの中途採用で組織強化をすることが当たり前になっているという側面もあります。

❖ベテランならではの豊富な経験・スキルに集まる期待

昔から35歳以上でも転職して活躍する方はいらっしゃいましたが、いまは35歳はもちろん、40代以上であっても、経験・スキルが豊富で自社で活躍してくれそうな人は積極的に採用する——という考え方に、企業は確実に変化しています。そしてこの傾向は、ここ数年さらに顕著になっています。

中途採用の際、企業は候補者人材が過去の業界や職種で培ってきた専門知識・専門能力（その仕事でしか発揮できない力）の高さだけではなく、「人とのかかわり方（コミュニケーション力）」や「仕事の進め方（ダンドリ力）」なども併せて評価することが増えてきています。40代以上のミドル層には、これらの「業種や職種を超えて持ち運びが可能なポータブルスキル」を培ってこられた人が多く、実際に活躍する事例が増えたこともあって注目度が高まってきています。

もう少し具体的に言うと、「人とのかかわり方」には、たとえば利害交渉能力やコーチング能力、「仕事の進め方」には変革推進能力、問題解決能力などが含まれます。

経験業界や職種を問わず、あるいは新卒からのプロパー人材重視主義が変化し、ポータブルスキルを持った人材を外部から招請して抜てきする傾向も年々強まっていると感じています。

35歳、40歳、45歳と年齢が上がるごとに求人が半減していくミドルの転職。いつ転職することになるかわからない不透明な世の中では、若いうちからその環境に備えておく必要があります。でも、何をどうやれば備えることができるのか？

実際に、40代になっても企業に必要とされ、転職に成功した人たちの３つの共通点をお伝えします。

①　専門業務の経験・スキル

営業であれ、経理であれ、自分のメーンとなるキャリアのスキルは当然ながら大前提です。ただ、専門業務の経験・スキルとはいっても、同職種への転職だけのためではありません。先日、製薬会社のＭＲ（医薬品営業）から介護会社の施設責任者に転職された事例では、非常に難易度が高いドクター向けの営業で鍛えられた顧客対応力が、入居者の家族からのクレームや要望がつきものの介護施設運営で生かせる、という点が評価されたケースがあります。医薬品に対する知識、という専門知識ではありませんが、ＭＲだからこそ鍛えられた専門能力にＭＲ以外での汎用性《はんよう》があったという好事例です。

② コミュニケーション能力

非常によく聞く言葉で、かつあやふやなキーワードですが、しかし絶対に欠かすことができない能力です。具体的に説明すると、社外の取引先やパートナー、社内では経営者や若手、場合によってはアルバイト・パートスタッフや契約・派遣社員など、利害や環境が異なる人々と一緒に仕事を進めていく上で、相手の立場を理解し、ゴールに結び付けていく力、と言ってもいいかもしれません。これは、ただの会話力や語彙力、間合いではなく、他者への興味・関心、人間そのものを知る力、言語では見えない心理を読み解く力とセットになって構成されているものだと思います。

③ 柔軟性・変化適応力

受容力、と言ってもいいかもしれません。環境変化が激しく、昨日までの勝ちパターンが明日は通用しなくなることが当たり前の世界では、いかに変化に適応できるかが重要です。これができない人は、周囲から「頑固」「成功体験に縛られている」「状況が読めない」などと評価され、次第に必要とされる出番が減少していきがちです。いかに自ら過去の成功体験と闘い、こだわりを減らし、新しい課題を受容していくか、自ら新しい手法を開発していくかが重要です。この柔軟性が年齢とリンクして低下する傾向があることも、確率論として、ミドル世代が採用部門に敬遠される結果につながっています。ぜひこれらの3点に留意して、強靭《きょうじん》な未来を自ら紡いでいただければと思います。

❖緊急度と必須条件を掘り下げて考える

35歳のPさんは、2002年に新卒で入社した従業員200人のシステムインテグレーターに勤務し、金融機関向けのシステム開発でプロジェクトマネジャーとして活躍中のエンジニア。当然、定年まで働くものと考えていました。家族は妻と子供1人、さらに1人を出産予定で、昨年、千葉県柏市にマンションを購入したばかりという状況でした。

「以前から社内では噂があったのですが、数年前に取引額が大きく、メーン顧客だった企業が外資系企業に買収され、巨額の受注を失ったため会社が苦境に立たされ、年内にも事業売却されることが決まってしまいました。若手エンジニアと一部の幹部を除いて、突然リストラの対象になったので、とりあえず早期退職の募集に手を挙げました」

どちらかというと保守的な性分で、転職には否定的だったというPさんも、突然、転職活動を始めざるを得なくなったというお話でした。

「ただ、実際に転職活動といっても、最初は何から手を付けていいか、まったくわからない状態でした。電車の広告やテレビCM、インターネット広告で転職サイトや転職エージェントの名前を目にするのですが、何を使えばいいのかまったくわからず、しばらくは自分一人で迷っていました」

転職コンサルタントとして求職活動中の方とお会いしていると、特に「初めての転職」の場合、Pさんと同じような迷いを持つ人がかなりたくさんおられます。自分に合った転職手段、そして活動の仕方を効率的に進めるためにも、そんな方にはまず以下の2点の整理をお勧めしています。

① 転職緊急度――「いつまでに次の仕事をスタートさせたいのか?」の時期の設定

「早期退職金があるので、焦らずにじっくり探したい」「すぐにでも働き始めないとローン返済もおぼつかない」など、転職の緊急度は人それぞれに異なります。また、転職緊急度が違えば適切な転職活動方法も変わってくるので、ここをしっかり定めておくことが最重要です。

② 必須条件の設定――希望年収、希望業界、希望職種、希望地域、希望の働き方

特に現在のように求人倍率が高く、人手不足の業界もたくさんある環境下では、「仕事の種類や年収、休日などを選ばなければ」いくらでも職には就ける状況です。でも実際にはそうはいきません。自分にとって必要な条件を書き出し、条件それぞれに優先順位をつけておくこと。条件が10を超えるような場合は、上位5位までを絞り込んで選ぶことをお勧めしています。

転職は希望条件の変数が特に多いために、転職活動を始めると驚くほど決断が鈍りやすくなります。この優先順位は、後々、非常に重要な役割を果たします。まさに迷った時のための方位磁石が、この優先順位リストです。

また、できればこの際に「そもそも本当に雇用される選択肢しかないのか？」という観点も整理しておくといいかもしれません。起業や自営独立など、転職以外の可能性を見落とさないためです。

❖「自分の相場」を知らなければ始まらない

転職というイベントは、一生のうちにそう何度も経験するものではありません。約40年の仕事人生の中で、2、3回というのが実態です。それゆえにどうしても経験値がたまりにくく、情報が不足しがちです。

情報不足の最たるものが、需要と供給のバランスです。需要（求人数）が多く、供給（求職者）が少なければ、求職者にとって有利ですし、逆の場合は、求人企業が有利になります。これを把握しているかどうかで、成否は大きく変わります。実際に多くの方々のキャリア相談を受けていて、ありがちな需給バランス情報の不足は、大きく2タイプに分かれます。

①　年代による需給格差

「30歳で転職したときには、たくさん内定をもらえたから、40歳でも同じように内定をもらえるはずだ」というケースです。この場合、内定獲得率の実体験が、ご本人の記憶の中に実在するので、なかなか理解しづらいようです。30歳と40歳では、同じ仕事内容、同じ給与、同じポジションを求めても、企業から声がかかる確率はざっと半分。30歳当時であれば、自分の経験と今後の志望を伝えておけば、いくつかの会社からスムーズに内定をもらえていたかもしれないのですが、35歳を超えると「自分を雇うことがいかに会社全体の利益向上につながるか？」を強くアピールする必要があります。自分自身を〝高性能の労働力〟として、企業に売り込んでいく工夫が重要になる、ということです。

② 職種による需給格差

いわゆる職種の人気度というものです。共通するのは、需要の絶対数が少なく、その仕事を希望する求職者が多いこと。人気職種の場合は、1件の求人に、応募者が100人を超えることも頻発します。事務系でいえば、秘書、広報、商品企画。営業で言えば、ルートセールスや代理店渉外。IT系なら、社内SEがそれにあたります。応募する側からすると、たった1つの小さな枠の求人に見えても、応募を受け付ける側からすれば、100人から1人を選ぶ大仕事、つまり採用に至る確率が極めて低い大激戦求人ということになります。

そのため、例えば「上場メーカーの広報の求人に絞って探しています」という方には、必ず第2希望の条件、できれば第3希望までを伺うようにしています。転職を考える際の序盤の準備として、自分の希望する求人の需給相場が今どうなっているのかを確認するために、転職エージェントに相談したり、転職市場の動向調査などを検索して、できるだけ自分に合った作戦を立てていただきたいと思います。

❖「求人倍率」を参考に穴場探し

「求人倍率」という言葉は聞いたことはあるが詳しくはよくわからない、という人は多いと思います。35歳オーバーになると、転職成功率が大きく落ち込むためキャリアに申し分ない人でも「数十社連続で不採用」ということもありがちです。そんなときに参考になる指標が、この求人倍率です。

これは求人数と求職者の需給バランスを示す数字で、毎月、厚生労働省が発表しています。２０１７年3月時点で1・45倍で、バブル期ピーク以来の高水準です。この「1・45」は簡単に言えば求職者1人当たりの求人件数。数字が多くなれば好況で転職がしやすく、下がれば仕事探しは難しくなります。

この「1・45」はあくまで全国全業種平均の数字なのですが、これを地域別・業種別など、細かく見ていくことで、転職の穴場が見えてきます。この求人倍率の数字が高い業種や職種、地域は、求人企業が「なかなかいい人と出会えない」と悩んでいるスポットということです。

例えば、東京都なら港区・中央区より大田区・江戸川区、都道府県で見れば東京より神奈川・埼玉・千葉、エリアでは首都圏より関西・中部、企業規模では大企業より中堅中小企業、業種ならメーカーより商社、職種なら企画職・事務職より営業の方が、相対的に転職がしやすいということになります。もちろん、「これまでの経験を生かして働きたい」「より条件の良いところで働きたい」というのは当然です。しかし、もし希望の条件で応募してもなかなか面接にすら進めない、という事態になった場合は、こういう選び方を検討してみるのも有効な一手になります。

求人倍率のデータは、リクルートワークス研究所の「ワークス大卒求人倍率」やインテリジェンスのＤＯＤＡが集計している「転職求人倍率レポート」などを検索すれば閲覧できます。

次に重要なことは、自分なりに重視している条件（勤務地、給与、職種、業種など）の優先順位づけです。求人倍率のデータを参考にしながら、自分はどの条件は譲れないのか？　どの条件なら幅を広げられるのか？　を自問自答し、自分が実際に働いている自分像をイメージしながら、選択肢をチューニングしてみてください。知らないうちに必要以上に狭い条件で選んでいたことに気づくかもしれません。

その整理ができたら、転職サイトなどを使って、新しい条件設定で検索してみてください。例えば、現在、東京在住であっても「実家のある地方も選択肢に入れてもいいか」となると、情報源もエリア専門の求人サイトなどに広がり、思わぬ求人情報に出合える可能性があります。

❖面接官が嫌う「きれいに練られた優等生回答」

転職支援の仕事をしていると、面接の事前相談を受けることがよくあります。意中の会社に、激しい競争を勝ち抜いて、ようやく書類選考を通過した瞬間、喜びとともに「絶対に面接で失敗したくない」という切実な思いが生まれます。なんとかその思いに応えようと、こちらも真剣勝負でお会いしますが、転職活動や面接に不慣れな方が多いために、当然ですがどうしても悩みこんでしまい、結果的にご本人もいまいちしっくりこないと感じてしまうような準備内容になりがちです。

例えば、

「私はこれまで、営業の仕事を通じて、お客様に喜ばれる醍醐味を感じてきました。御社の製品もよく使わせていただいています。海外展開も進められていることに成長性の大きさを感じ、ぜひ御社の一員として、自分自身の可能性を追求し、キャリアアップを実現していきたいと考えております」

というようなパターンです。

この答えそのものは、とても理にかなっていて、わかりやすい内容なのですが、実戦的にはいくつかの課題が隠れています。そして、この課題のせいで、せっかくの機会を失っている人が意外にも多いのが、現状だと思っています。

典型的な課題は、以下の3つに集約されます。

●抽象度が高い表現

上の文例で言うと「お客様に喜ばれる醍醐味」「可能性を追求し」「キャリアアップを実現」などの箇所がそれに当たります。すべてとても美しい言葉なのですが、抽象度が高すぎて、具体的にどんなことを指して言っているのか、聞く側からすると、非常にイメージしにくくなってしまっています。面接での言葉を、丁寧にきれいにまとめようとすればするほど、この「美しい抽象表現の罠」にはまってしまいがちです。しかも日常生活で使わないよそ行きの表現を、ただでさえ緊張する面接の場で使おうとすると、新人アナウンサーのようにかちかちにこわばって、汗をかきながらの棒読みで終わってしまうリスクもあります。

●自分軸×テイク・オンリー

例文から引くと「海外展開も進められていることに成長性の大きさを感じ」から「キャリアアップを実現していきたい」の箇所です。特に、新卒採用の面接などで顕著になりやすいのですが、会社の表層的な強みをもとに、その強みから享受できるメリットを強調してしまうパターンです。一見、その企業の強みに対する賛辞的な表現であり、ホンネに近いとも思うのですが、聞く側からすると、自社の表層的な強みと、その強みからご本人が享受できるメリットにしか目が行っていないように見えてしまうパターンです。「ギブ・アンド・テイク」のギブ＝自分がその会社に貢献できることがすっぽり抜け落ちてしまっているので、熟練の採用担当者には、即座に見抜かれてしまいます。

●一般的、汎用的な内容

この文例を見ていただければお分かりの通り、企業のホームページをさらっと見ればまとめられる程度の、誰でもが言える内容です。もっと言うと、海外展開さえしている企業であれば、どこの会社でも使える内容かもしれません。職種や地域によってかなり差はあるものの、求人1件につき自分以外に約30人の見えないライバルがいる、というのが転職市場の相場感です。魅力的な求人であればあるほどもっとライバルは増えていきます。あなたにしか語れない志望動機、他の人との差別化ができるメッセージになっていなければ、採用担当者の心に残る候補者となる可能性は激減してしまいます。

なぜその会社、その仕事なのか？　共感した最大のポイントは何か？

面接の質疑応答での志望動機。質問する側は、いったい何のために、何を知りたくて聞いているのでしょうか？

「この人は自社のことを理解してくれているのか？」

「本気でうちの会社でがんばっていこうという意欲はあるのか？」

「この人が入社した場合に、どんな活躍が期待できるのか？」

「現場のメンバーは、この人と一緒に仕事をしたいと思ってくれるだろうか？」

「どのような切り返し方で差別化を図ってくるのだろうか？」


採用担当者の意図は、おおむねこんなところかもしれません（営業職採用の場合だと、もしかすると営業場面での機転や営業力そのものを見られていることもあるかもしれません）。

では、なんとしても自分を売り込みたい面接の場で、採用担当者がこれらのような狙いで投げてくる質問に対して、実際にはどう対応すればいいのでしょうか？

テクニカルな観点では、これらの３つの課題を、ひとつひとつ裏返していくことです。

●事実・エピソードに基づくリアリティ

「過去3年間、規格が決まった電子機器部品を、新たな顧客企業に拡販していく競合リプレイス型の営業をやってきて、最低でも年間で50社、予算では最低でも110％以上は達成できるようになりました。新規開拓で信頼をつかみ取っていく醍醐味はあるのですが、ただ、最後はやはり価格勝負になる側面も強く、〝自分でなければできない仕事〟という実感は持ちにくい側面もあります。顧客ごとにカスタマイズしていく貴社の商材で、過酷なリプレイス営業で鍛えた営業の経験を活かしつつ、自分個人にとっては、個々の顧客のニーズに寄り添っていく提案力を磨いていきたいと考えています」

数字や固有名詞、実際に失敗したり、成功した体験談などをもとにした志望動機は、あなた自身の個性や感じ方、考え方までも浮き彫りにした上で、本気度を強く裏付けるものになります。

①　なぜその仕事がしたいのか？

大前提として押さえておきたいことは、まずは企業・仕事そのものへの興味です。

企業としての魅力であれば、その会社の社史沿革や事業ビジョンにまで踏み込んで、従業員が大切にしていることや仕事上でのポリシーを読み取り、それに対して「なぜ自分は共感を持つのか？」を、これもエピソードや過去の体験をもとに語ること。仕事内容であれば、なぜ他の会社ではなく、その会社でその仕事をやりたいと考えているのかを、具体的に語ること。この２つに自分自身にしか言えない要素が盛り込まれ、自分自身が本音で語れるまで練りこまれていれば、決して要してきた原稿の棒読みではなく、自分の言葉になっているはずです。

もし可能であれば、知人や家族に頼んで、事前の練習をしておくと、より落ち着いてあなたの魅力を発揮できる場になると思います。

②　自分がどんな貢献をできるかを、裏付けを示して伝えること

また、さきほどの「ギブ・アンド・テイク」におけるギブの強調も重要な観点です。自分が過去、どんな仕事をしてきたのか、どんなスキルや経験を持っているのか、そしてそのキャリアをどのようにその企業の中で生かしていけるのか？　特に、日々の業務の中でどのように財務的（売上や利益）に貢献できるのか？　を、相手がイメー

ジできるように伝えることを目指してください。

たまに、リーダー職やマネジャー職以上のキャリアの方で、財務的な貢献には一切触れずに、行動プロセスの努力だけを訴求する方がおられますが、たとえ人事や経理などの管理部門であっても、求められる役割から考えると、業務の効率性向上などで生み出しうる成果など、できるだけ財務面での貢献について言及したほうが、格段に魅力度は高まると思います。

❖ 3枚以上のダラダラ職務経歴書は伝わらない

転職活動を始める際に必ず行うべき作業が「キャリアの棚卸し」。つまり、これまでの職務経験や担当プロジェクト、身に付けたスキルなどをすべて洗い出すということです。それをもとに「職務経歴書」を作成します。

しかし、この職務経歴書作成に落とし穴が待っています。

幅広い経験を積み、多くの実績を上げてきた方ほど、職務経歴書で自分の良さが「相手に伝わらない」という事態を起こしやすくなります。「ダラダラと長いだけでポイントがつかめない」書類になってしまうからです。

経歴が豊富な方は、社会人1年目から職務経歴を普通に並べていくと、5枚以上に及んでしまうこともよくあります。しかし、職務経歴書をちゃんと読んでもらえるのは、せいぜい2枚まで。自分の強みを、2枚以内にぎゅっと凝縮することが大切です。それほど重要でないキャリアは省略し、重要なキャリアはしっかり伝えるなど、メリハリをつけることを心がけてください。リクルートエグゼクティブエージェントの転職コンサルタント、森本千賀子氏に、具体的なノウハウを聞きました。

❖相手企業に応じ、「しっかり伝える」ポイントを変える

「省略すべき『重要でないキャリア』と、厚めに伝えるべき『重要なキャリア』をどのように選別するか。そのポイントは、応募先の企業によって変わってきます。しっかり伝えるべきは、『自分が自信を持っていること』ではなく、『相手が求めていること』です。

例えば、ＩＴ（情報技術）業界で次のような経歴を持つＱさんという人物がいたと

仮定します。

●入社1～3年目　法人向け営業として流通業界を担当
●入社4～7年目　法人向け営業として医療業界を担当、グループリーダーも務める
●入社8～11年目　事業企画部門に異動、新サービスを立ち上げる
●入社12～13年目　経営企画部門に異動、海外企業のM&A（合併・買収）プロジェクトにも携わる
●入社14年目～現在　海外現地法人に駐在し、マネジメントを行う

Qさんが自信を持っているのは、『営業時代、流通企業大手から大型受注を獲得し、全社トップの売り上げを上げた』『自ら企画した新サービスで売り上げ3割増加』『海外現地法人のマネジメント経験』だとして、それらの経験や実績数字などをびっしり経歴書に盛り込んだとしましょう。

しかし、それらが非常に優れた成果やノウハウであるのが事実だとしても、相手企

業がそれを重視していなければ、『すごいですね』と評価はしてもらえても採用には至りません。

そこで、まずは相手企業のニーズや今後のビジョンを把握した上で、それにマッチしている部分を強調することが大切です。例えば、相手企業がこれから医療業界のマーケットを開拓していこうと考えているとしたら、『流通大手から大型受注』の実績をアピールするよりも、医療業界の営業担当時代にどのような戦略や工夫で顧客との関係を築いたかを詳細に伝えるほうが、興味を持ってもらいやすいでしょう。

一方、海外M&Aプロジェクトに携わった経験については『短期間だし、サポートくらいしかしていないから……』と、１行の記載で終わらせたり、あるいは記載せずにおいたりしたとします。しかし、相手企業によっては『少しでもかじった』経験を高く評価するかもしれません。それが推測できるなら、営業経験や企画経験のアピールはそこそこに、短期間であってもM&Aプロジェクトにおいてどんな役割を担い、どんなノウハウを身に付けたかを厚めに伝えるべきでしょう。

あるいは、海外で流通事業を手がけようとする企業が相手であれば、営業時代に得た『流通の仕組みに関する知見』と『海外拠点のマネジメント経験』の部分を重点的にアピールするのが得策ということになります。

以上、シンプルでわかりやすい例を挙げてみましたが、つまりは「すばらしい実績」よりも「相手が求めている経験・スキル」に焦点を当ててアピールすることが重要、というわけです。職務経歴書の作成はもちろん、面接の準備においても、ぜひそれを心に留めておいていただければと思います」（森本氏）

❖「不採用理由」の真相——企業目線から読み解く3大パターン

●求人倍率バブル期並みの人材不足でも減らない「不採用のメカニズム」

厚生労働省が発表した2017年3月の有効求人倍率は、1・45倍。バブル期ピークの1992年1月以来の高水準となっています。この有効求人倍率は「求職者1人当たりの求人件数」を指していますが、リーマン・ショックで求人が激減した6年前のじつに2倍以上という好況ぶりです。

そんな環境の中でも、依然、「募集資格を満たしているのに不採用になってしまう」という数は減っていません。しかも、不採用になった理由が、応募者に正確に伝わることはほとんどない、と言ってもいいかもしれません。むしろ淡々とした「お祈りメール」が届くだけ、場合によってはそれすら届かないことも多いのではないでしょうか。不採用通知が届かない理由は、人事や人材紹介会社のキャパシティーが不足して手が回らず、そのままになっているケースや、候補者が複数いたりする場合に採用選考が長引いて「保留扱い」になったまま時間が経過してしまっているケースが多いと思われます。いずれにしても、書類提出や面接をしてから、数週間経っても返事がない場合、最終的に内定に至る可能性はきわめてまれですし、仮に採用になったとしても、応募者側が企業の姿勢に不信感を募らせて辞退に至るということもあります。ここでは、「どのような理由で、そもそも不採用というジャッジがされているのか」というところにフォーカスします。不採用が生まれる背景には、大きく３つのパターンがあります。

●不採用理由の真相【第１位】スペック不足型

「応募資格を満たしているはずなのに不採用になってしまう現象」の過半数は、ご想像の通りの「求める要件に今一歩足りなかった」というスペック不足です。具体的に

は、

- 数年後の課長候補として、経験10年前後のリーダークラスを募集していたが、今一歩経験が足りない
- 官公庁向けの営業経験がある人材を探している中で、ほかの候補者のほうがより長く経験している
- 月次・年次の決算処理ができて、できれば株主総会も任せたかったが、株主総会業務はアシスタント経験しかない

など、いずれも募集背景で求める要件に少し不足があるか、他の応募者との相対評価で残念ながら劣位になってしまうケースです。1件の求人には、約30人の応募者がいることが多いのですが、実際に、その募集タイミングでほかにどんな応募者が集まっているかという、時の運にも左右されます。あえて対策を挙げるとすれば、公開されている募集条件は「応募に必要な最低限の条件でしかない」ということを念頭に置いて、応募する求人の精度を上げていく方法です。ただ、自分が興味を持った1件の募集を狙う目に見えないライバルは常にたくさんいるので、やはり精度を絞って応募数を減らすよりは、少しでも機会を増やすために、あまり自分の中での期待値を上げず

に、まずは応募してみることをお勧めします。

●不採用理由の真相【第2位】オーバースペック型

人事目線で応募者を見た際に、意外に多いのが「応募資格を上回りすぎていて、給与などの条件が合わないだろう」あるいは「力量のレベルが高すぎて、今回の募集部署の若手課長では扱いきれない」などと思われて不採用と判断されてしまうオーバースペック型です。求める要件を上回っていても、レベルが違いすぎるとこういう事態も起こります。比較的人気のある企業や業種・職種の場合には、このタイプの不採用が応募者の2割を超えることもあります。こういう不採用理由こそ、しっかり教えてもらえれば逆にその後の転職活動に自信を持てるのですが、残念ながらこういうケースほど「保留扱い」にされて、白黒がつかないまま放置されてしまうこともしばしばあります。こういうケースはなかなか裏付けが取れないので、あらためて募集要件と自分の実力との距離感を自分自身で測ってみて、「ああ、自分はこの企業にとってはオーバースペックすぎたのだ」と思うようにしてください。あえて対策を挙げると、（もしどうしても合格したい会社の場合は）応募書類上で、自分の求める条件や担当職務、その理由などをしっかり伝えて、人事担当者が感じるギャップ感を少しでも減らしておくことが重要です（例えば、「プロジェクトマネジャーとしての経験が長いが、やはり現場第一線で技量を磨きたいので役職にこだわっていない」など）。

●不採用理由の真相【第3位】不条理型

「体育会系でないと、過去長続きしなかったから」とか「責任感の強い長男を優先して採用する」とか、あまりにも特殊な、独自の採用基準で合否を決める会社が、まれにあります。いわば不条理型の不採用です。当然、このようなケースでは、応募者に正直に不採用理由を伝えると問題を引き起こすことが明白ですし、たいていの場合、応募者への対応も誠実ではないことが多いので、合否結果が届かないことが多いと思います。応募者側に何ひとつ落ち度はないので、「なぜ不採用になったのか」と悩む必要もなく、もはや「不採用理由になってよかった」と思ったほうがいい会社かもしれません。

このパターンの企業への対策はあまりありませんが、転職に関するクチコミサイトなどで、できるだけ事前情報を集めることで回避できる可能性はあります。むしろ不採用が続いた時などに、こんなタイプの会社が存在することを知っておくだけで、少し気が楽になる効果くらいはあります。

❖目先の具体的希望より、中期的に得たいことを重視する

ここまでみていただいた通り、不採用判断が発生する理由は、応募する側に問題があるということばかりではありません。不採用が続くことがあったとしても、決して自信を失わずに行動していただきたいと思います。不採用になることを回避する共通点は、応募先の選択精度を上げることになります。ただ、応募先企業の情報と言っても、クチコミサイトやホームページ、転職エージェントなど限られたものになることが多く、信憑性が低かったり、必要な情報を入手することがむずかしかったりする場合がほとんどです。ただ、一方で、求人を探していくときの「観点」だけは、自分自身でコントロールすることが可能です。「これまでの経験でできること」や「給与」「休日」などの目先の希望条件よりも、「将来的にこんな力を身に付けたい」とか「こんな結果で世の中に貢献したい」という中長期スパンで〝自分が仕事を通じて手に入れ

たいこと〟を軸として活動したほうが、検討対象の数が広がり、より精度は高まりやすくなります。有意義な居場所を見つけるために、ぜひ参考にしてください。

第6章

転職後に成功する人の共通点

❖「求人マーケット」は表には出なくても存在する

転職エージェントに相談に訪れる方々の中には、キャリアコンサルタントに対し、こんな不安を口にする方が少なくありません。

「30代後半になると、やはり転職は厳しいでしょうか」
「自分はもう42歳ですから、求人はあまりないですよね」

もちろん、不安に思う気持ちも理解できます。転職を検討しはじめて転職サイトで情報収集をすると、明らかに「20代が多く活躍する職場」といったフレーズを打ち出す募集広告が多く目についたり、転職エージェントに相談に行っても年齢による求人の少なさを聞かされることも多いので「やはり年齢が高いと受け入れられないのか」と不安を感じるかもしれません。

しかし、「即戦力人材」の場合には、求人広告のように世の中に表立って流通して

いない求人が、転職エージェントを通じて行われているケースも急激に増加していま
す。

❖「一歩後ろにいる企業」で、自分の価値を発揮できる

最近の採用の傾向・事例について、実際に採用現場を見ているキャリアコンサルタントの声を聞いてみましょう。

株式会社リクルートエグゼクティブエージェントで、経営幹部の採用支援を手がける渡部洋子氏は、「管理部門のスペシャリストやマネジャー経験者は、『半歩から一歩後ろを歩んでいる会社』に目を向けると活躍のチャンスがある」といいます。

会社は成長ステージに応じて、経理・財務・人事・法務などあらゆる面で「管理の仕組み」を整えていく必要があります。例えば、昨今ありがちなケースを挙げると「グローバルの売上比率が高まり連結はしているが、ガバナンスがちゃんと働いていない」という企業は多いようです。

今まで自分がいた会社では当たり前に機能していた仕組みを、成長途上の会社では

これから整えようとしている。その導入から運用を担える人材として、「先行企業で経験を持つ人」が求められ、重宝されるというわけです。

一歩後ろから走ってくる企業では、自身の経験・スキルが大きな価値と認められる――これに気付いていない人は意外に多いようです。

もちろん、管理の仕組み作り以外でも、「今の会社では皆当たり前にしていることが、別の会社では希少な価値として歓迎される」というケースは多々あります。リクルートエグゼクティブエージェントの波戸内啓介氏に、40代・総合商社出身の方の事例を聞きました。

「Rさんは、総合商社のエネルギー関連部門に属し、海外駐在も含め多数のプロジェクトを経験してきた人物。実績が評価され、経営企画部門への異動辞令を受けました。いたって順調なエリートコースです。ところが、Rさんには抵抗感がありました。デスク上で巨大プロジェクトのキャッシュフロー計算や計画策定に取り組むよりも、「現場」で腕まくりをして推進していくほうがおもしろいし、自分らしいと考えていたのです。

転職活動に踏み切ったRさんが選んだのは、エネルギー分野のベンチャー企業。設備建設に際しての地権者や自治体との交渉、設備・機器の買い付け、事業計画の策定、さまざまな協力者を巻き込んでのプロジェクト推進など、これまでの経験をそのまま生かせるステージです。商社時代は『自社社員は皆やっていること』でしたが、新しい会社では『Rさんにしかできないこと』。多大な信頼を寄せられ、活躍していらっしゃいます。

Rさんは、現場に立ち続けたいという希望を実現しただけでなく、『仲間から頼られる』『事業や会社に大きな影響を及ぼし、成長に貢献する』というやりがいを手にしたのでした」（波戸内氏）

❖メーカーなら、分野をまたいでの転職チャンスも

製造業経営幹部職への転職支援実勢の多い転職コンサルタント、山室広幸氏は、「海外拠点のマネジメント経験があれば、電機から機械、機械から化学など、分野を超えた転職も可能」といいます。

多くの企業がアジアを中心とした海外展開を図る中、海外の子会社やグループ会社

で財務への責任を担い、組織マネジメントを行った経験を持つ方は、業界の枠を超えて転職できる可能性が広がっています。また、技術系については、コアスキルを同業界で生かすだけでなく「異分野で活用する」という選択肢もあります。

「例えば、電機メーカーで組み込みソフトを手がけてきた方であれば、自動車業界に移り『車載』の分野へ転身する道も。また、家電メーカーでの筐体設計経験者が、PB製品開発に力を入れている大手流通企業に転職し、商品設計を担うという事例も生まれています。

今の会社では活躍の場を失いつつあるコアスキルが、異業界の『旬』な分野で生かせる可能性もありますので、ぜひ視野を広げていただきたいと思います」（山室広幸氏）。

昨今、話題になっている「ＡＩ（人工知能）」「ＩｏＴ（インターネット・オブ・シングス）」「Ｍ２Ｍ（マシン・ツー・マシン）」といったキーワードでも、各種メーカーから知見を持つ人材を求める声が出てきています。新しく部門を設置し、その責任者やメンバーを募集する動きも見られます。

ただし、募集する側も、どのような技術を用いてどのようなプロジェクトを推進するかなど、まだまだ手探り状態の企業が多いようです。新技術を生かして会社や事業をどのように変えていけるのか、その全体図を描ける方が求められています。

――このように、事務系／技術系問わず、企業側が求める経験・スキルを持つ人物であれば年齢は問わないという求人はたくさんあります。今後、「管理職」「経営幹部」の転職マーケットが広く浸透していくにつれ、さらに幅広い年代の方に「再スタート」のチャンスが拡大していくでしょう。

❖大企業出身者が陥りやすい罠

35歳以上のミドル世代が転職する場合、大企業から中堅中小企業、または創業まもないベンチャー企業へと、企業規模をまたぐ移動が多く生まれます。ただ、残念ながら入社後に「こんなはずじゃなかった」と思われるケースも多々あります。

ここでは、実際に転職活動を通じてご自身が気づいた「大企業病」の症例について共有させていただきます。いつか来るかもしれない転職という人生の重大イベントに備えて「転ばぬ先のつえ」として頭の隅に留めていただければ幸いです。

①「職域の幅」の格差

従業員数3万人を超えるグローバル電機メーカーに勤務されていたSさん（48歳）は、昨年、まったく異業種の中堅機械部品メーカーに、経営企画部長というポジションで転職しました。前職でも同じ経営企画の課長職として、7年間にわたってマクロ経済分析から中期経営計画の策定などまで、担当事業部の執行役員や関係部署の部長陣とひざ詰めで議論を交わし、8人の部下をまとめながら勤め上げた力量のある方でした。

「経営企画スタッフとしての原理原則は同じだろう」と想定していたものの、転職して初めて企業規模によるギャップに直面しました。

確かに経営の方向性を決める材料を集め、分析し、実際の事業計画に落とし込んでいくという大枠のミッションはまったく同じでした。ただ、日々の業務の責任範囲は、前職と比べ物にならない違いがあり、そのことが最大の衝撃だったようです。

転職先の経営企画部門は部長といっても部下は3人で、うち2人は営業から配属されて1年という担当部長と課長（どちらも40歳前後の同世代）、残りの1人は新卒2年目という組織。前職であれば、たとえば新人がやるような基礎データ収集の業務からコピー取り、中堅クラスが担当していたアクセスを駆使した資料作成、事前ヒアリングまで、すべてを自分自身でやらなければいけないという状況でした。

また、グローバルな大手企業には欠かせなかった業務で、ご自身の強み分野だと考えていたマクロ経済分析の経験は、まったく必要とされていないこともわかり、それが引き金となって退職を決意するに至りました。

「入社前には、自分の経験してきた経営企画の経験やスキルが少しでも生かせるなら、営業など得意ではない業務よりは貢献できる。規模が小さな会社なので細かい仕事も自分でやるものだ、と覚悟を決めていましたが、いざ現場に入ると想像以上にギャップがありました。頭で考えてわかったつもりになっているのと、現実はやっぱり違いますね。ぜいたくかもしれませんが、もう一度、転職活動をゼロから始めます」

Sさんの言葉には、貢献できなかったふがいなさとショックの大きさがにじんでいました。Sさんの例に限らず、これに似たケースは実際にたくさん生まれています。

転職活動が長引くと焦りが出てくる場合もありますが、こういう不幸を事前に抑止するためにも、入社意思を決める前に、職場のコンディションの差異や要員数、ざっくりしたミッションではなく、例えば朝出社してから帰宅するまでのタイムスケジュールのイメージなど、日々の業務の確認などもていねいにしておくべきかもしれません。

②「同質性」の罠

2点目は、風土、カルチャー、コミュニケーションに関するギャップです。

大企業の場合、人事採用部門の標準化が進んでいるため、新卒採用の段階である程度、人材要件や志向タイプ、言語能力レベルなどの基準がそろっています。教育環境や学習してきたこと、あるいは成長意欲を含めて、その会社の大切にしている価値観を反映した一定のゾーンの範囲に収まる人材が集まる傾向にあります。

そんな集団が、同じ事業部などで切磋琢磨《せっさたくま》し、苦労や成功体験を分かち合い、ノウハウを共有しながら長い時間一緒に過ごしていくと、当然のように価値観や能力の同質化が進みます。その結果、カルチャー・価値観やコミュニケーションの作法も一定の幅で収まり、その組織の中においては非常に効率的で、かつ結束力にもつながるというプラス作用を生み出しています。

一方で、友人・知人・取引先など複数の経路から社長が必死で口説いて回り、異業種・異職種の人材を中途採用でかき集めてきたような中小企業の場合、そもそも最初から同質化が存在しない異質異能の集団か、逆に経営者の強烈なキャラクターが突出したトップダウン型かという傾向が多いようです。

大手から中小企業に転職した方々とお会いしていると、長年、同質化した高効率集団で働いてきた方が感じる、異質異能集団やトップダウン型組織でのストレスや居心地の悪さを非常によく耳にしますが、上記のような構造的な環境の落差によるものが大きいようです。

求人票に記載された「職務」や「ポジション」「年収」「勤務時間」などの情報だけではつかみきれない罠が、こんなところに隠れています。住み慣れた世界から新しい環境に入ると、居心地の悪さを感じるのは当然ですし、どんな大企業であっても、もともと創業期は中小企業であったはずだと考えると、これは決して「良しあし」の問題ではなく、企業に成長ステージのギャップによって生じる構造課題です。事前にある程度情報収集するか、事前にギャップを想定しておくしか解決策はないのではないかと考えています。

③「戦略レイヤー」のギャップ

事業運営上のタームで「戦略」という戦争用語由来の言葉が頻繁に使われていますが、まさにここにもギャップがあります。

大企業における戦略は、マクロかつ長期的な計画に基づくものが多く、まさに超大国の参謀本部が使用する「戦略」に似ています。逆に、中小企業やベンチャー企業が用いる戦略は、ニッチなセグメントや特定領域に一点突破で使われるケースが多く、小国の軍隊やゲリラ部隊が使う場合に似てくるのではないかと思います。

大企業出身者には「それは戦略ではなく戦術なんじゃないか?」と見えることであっても、単にレイヤーが異なるだけで、中小企業にとっては堂々たる戦略として機能していることも多々あります。大手企業出身者に起こりやすいのが、このレイヤーのギャップによる悲劇です。そもそも兵力(要員数や武器＝開発力、販促費や広告宣伝費)がまったく異なる組織において、従来型の戦い方や過去の成功体験にこだわってしまうと、勝てる戦いにも負けてしまうということも起こります。

「転職直後に一気にシェアを勝ち取るために社長に直談判して、20人を採用して営業組織の拡大をしたが、あっという間に市況が変わり、部下をリストラして自分も退職することになりました。あれは大企業時代のパワーゲームのロジックを持ちだした私の失敗です」

率直に自分の非を認められたTさん（42歳）は、大手通信機メーカーから同業の中堅企業に営業本部長として転職され、一時的に業績を急拡大したものの撤退を余儀なくされた経験を持つ方でした。ひとくちに戦略といっても、企業規模が小さいほど、戦況、兵力によって目まぐるしく変化するため、教科書通りの「理想論」や「あるべき論」が通用しない、必要とされないという現状になりやすいのだと痛感します。

また、大企業出身者でごくまれに、〝無意識のうちに〟大きな予算や大人数の要員を動かす戦略が〝優位〟で、規模の小さな組織の戦略は〝劣位〟だという錯覚を持っている方がおられます。「戦略の規模・影響度」と「戦略の質の優劣」はそもそも無関係ですし、もちろんそれで転職がうまく運ぶケースは少なく、論外のパターンです。

④「相場情報」の乖離《かいり》

転職市場において、企業規模の違いによる条件のギャップは、かなり大きく存在しています。ある大手ハウスメーカーで建築資材の購買部門の次長をしておられた50歳の方とお会いしたとき、「早期退職制度を利用して転職を考えているが、年収が2割から3割くらいはダウンしても仕方がないと思っています。現在の年収は約1500万円です」というお話がありました。

ご本人からすると、確かにかなり思い切って譲歩した条件で、それによっていくらか選択肢は広がるのですが、1500万円の年収から3割ダウンの金額は1050万円。しかし中小企業観点で言えば、資材購買の責任者に年収1000万円以上の報酬を支払える会社はきわめてまれで、「取締役でも年収800万円なのにとんでもない」と言われるようなケースが非常に多いのが実情です。

大手企業出身者が限界ギリギリまで譲歩したはずの年収は、中小企業経営者にとっては想定年収の2倍に相当するというくらい相場の乖離は激しいと思っておいてよいでしょう。ただ、年収額によって変化が激しい所得税率を考えると、実際の可処分所得は、額面年収のギャップよりかなり小さくなるので、もし、今後そういう場面に直面した場合は、所得税などを差し引いた可処分所得で検討していただくのも一策だと思います。

⑤「自己信頼」のゆらぎ

最後のギャップは自己信頼のゆらぎです。

大企業を初めて一歩出たときには、やや過剰気味に自信を持っていた方が、転職の失敗を経験した後に、逆ブレして必要以上の自信喪失に陥ることがあります。同質の価値観を持つ集団の中で、自分の市場価値の座標や仕事の進め方についての常識が安定していた時間が長かったほど、想定外のことだらけの体験が続くと混乱を招き、方位磁石に狂いが生じる可能性が高いようです。しかし、それは大企業というシールドの堅牢さやそこに滞在した時間から考えると誰にでも起こりうるリスクでもあります。

挫折感を感じることがあったとしても、必要以上に自分を責めたり自信を喪失したりしてしまうと、意思決定の基準がぶれ、また別の失敗を招いてしまう原因になってしまうことにもなりかねません。もし企業規模の違いによるギャップを体感することになった場合には、ぜひ冷静にその乖離度合いや原因を分析し、次の前向きなチャレンジにつなげていただきたいと思います。優秀な人材が多いゆえに同世代競争も激しく、成功しても失敗しても影響度が大きいぶん、絶えず重大な責任にさらされてきたことが、大企業で働いてきた方が持っているタフさです。

同じような体験を持つ友人・知人や、信頼できる転職エージェントなど、客観的な情報を多く集め、それを材料により満足度の高いセカンドキャリアを自ら切り開いていただきたいと考えています。

❖退職前に「悲観シナリオ」の想定を

役職定年や突然の配置転換による担当業務範囲の縮小による年収ダウンなど、特に45歳を超えてくると多くの方がセカンドキャリアを考えざるを得ない状況に見舞われています。

転職相談で日々、さまざまな方にお会いする中で、約半数程度の方は、面談に来られた段階で「既に退職している」あるいは「退職の申し出を既にしている」という状況にあります。

転職活動は、一生のうちにそう何度も経験するものではないため、どうしても相場観がつかみにくい性質がありますが、実際の転職マーケットでは、35歳、40歳、45歳、50歳と、5年区切りで転職成功率が半減する実態があります。これから転職を考えようとしている方、または近いうちに転職を考える可能性がある方には、ぜひこの事実を念頭に置いておいていただきたいと思っています。

転職成功率が下がることは、当たり前ですが「不採用になる確率」に直結しています。具体的には、何社応募しても書類選考すら通過しない、面接に行っても自分より年齢が若い応募者に競り負けてしまう、ということが頻繁に起こり得る、ということです。また、転職活動がうまく進まないまま活動期間が長引いていくと、多くの場合、転職活動を始める前にはまったく想定していなかった業界や職種、年収を受け入れざるを得なくなります。もっと言えば、アルバイトや業務委託など、雇用形態ですら、希望と違う着地を受け入れざるを得なくなる方もたくさんいます。「年収９００万円が時給９００円に」という事態が、実際に当たり前のように起こります。

ただでさえ、不本意な退職で自尊心の維持が難しい中で、不採用が続き、もともとの希望条件を諦めざるを得ない事態になれば、精神的ストレスは自分では抱えきれなくなるほど大きくなります。経済的ストレスも合わせると、相当タフな方でもつらい状況に追い込まれてしまう可能性があります。そんなときこそ応援してもらいたい家族でさえ、離婚などで失うケースすら多々あります。

暗いイメージばかり書き連ねるようで、非常に心苦しいのですが、これは事実です。これが転職に関する「悲観シナリオ」です。ネガティブな想像をできればしたくないのが人情ですが、退職を決意する前にぜひともこの悲観シナリオを忘れずに描いていただきたいと考えています。

シナリオ通りにいかなければラッキーですし、もし最悪の状況に陥った場合でも、それを想定しておくことで「もしうまくいかなかったらどうするのか？」という準備は必ずできます。いろんなことが想定内になるだけで、先が見えない精神的ストレスも大きく軽減するはずです。

❖年収ダウンでも手に入れられたもうひとつの財産

転職を考え始める二大理由は「賃金への不満」「人間関係」。

特に、住宅ローンや教育費用がかさむ30代後半になると、賃金水準は自分のためだけのものではないのでいっそう重みを増してきます。正社員だけでも、毎年100万人以上のビジネスパーソンが転職をしている中、実際の年収はどう変化しているのでしょうか？　リクルートワークス研究所の調査によると、35～39歳の正社員の転職前後の年収は以下の通りです。

●転職前年収（416万3000円）
●転職後1年目の年収（422万円）
●転職後2年目の年収（443万7000円）
（出典はリクルートワークス研究所「ワーキングパーソン調査2014」）

転職1年後は、ボーナスの在籍期間規定などで下がりやすいはずなのですが、むしろ平均は5万円近く上がっており、2年目になるとさらに上昇しています。
ただ、これはあくまで平均の話。年収の増減率を同じ年齢層で見ると、

●転職後の年収が上昇（44・5％）
●転職前後で年収に変化なし（21・2％）
●転職後の年収が減少（34・3％）

ということで、大きくばらつきがあることが見えてきます。「転職後の年収が20％以上の減少」という人も14・1％と、かなりの割合に上ります。この中には「親の介護のために実家のある地方に戻ったためにやむを得なかった」という方や、「昔からの夢だった職業にゼロから挑んだため、収入が下がるのは覚悟の上」という人なども含まれています。ちなみに、転職後の満足度は、あまり年収の増減にリンクしておらず、同じ年齢層で見ると期待値の高低に個人差はあるものの6割の方が「転職に満足」という幸せな結果となっています。

- **転職に満足している（58・4％）**
- **どちらともいえない（28・7％）**
- **転職に不満がある（12・9％）**

「賃金水準に不満がある」という理由が、転職を考え始める大きなきっかけになっているため、目先の年収の増減が重視されるのは仕方がない一面ではありますが、60代から70代まで長く働いていくことを想定すると、年収以外の条件（たとえば、自分の強みが生かされることや、共感できるテーマに携われること、信頼できる人と働くこと）など、できるだけ複眼的に意思決定をしたほうが、より長期的な満足度が得られます。

「仕事と報酬」は切っても切り離せない重要な要素ではありますが、仕事や人生の価値は、決して報酬だけが決めるものではありません。転職する・しないにかかわらず、自分の人生を豊かにする収入以外のものさしを準備しておくと、いざというときに必ず役立つはずです。

❖「やりがい」軸に適職探し

洋服で言う着心地や、車の乗り心地などと同じように、仕事にも「働き心地」という概念があります。転職活動の際には「給与」「職種」「業界」「休日」などのデータ的な条件が重視されやすいのですが、この働き心地は明確に可視化されていないがゆえに仕事を選ぶ際のものさしとしてはほとんど流通していません。

しかし、この心理的条件は、職場で気持ちよく働いていく上で、現実にかなり重要なウエートを占めています。希望の業界、希望の職種、理想の年収などのスペックがそろっていても、働き心地がかみ合わないと、数カ月でメンタルダメージを受けて離職してしまう、というケースすらあります。「やりがい」という言葉でざっくりひとくくりに表現されることも多い働き心地ですが、人それぞれの志向や価値観、行動スタイルによって百人百様のバリエーションがあり、かつ、その重みにも多様性があります。

例えば、「顧客にじっくり向き合って信頼関係を構築し、高品質・高付加価値を作り上げたい」という志向の人が、「効率主義で、面談の質よりも1日当たりの接触顧客数を重視する」という方針の企業に入社したら、あっという間に満足度は低下します。理想の給与や希望の業界という条件だけでは解消できない、致命的なずれになる場合もあります。

この働き心地を構成する基幹項目を挙げるだけでも、下記のように多様なバリエーションがあります。

【仕事面での働き心地】

(1)　誰にどんな価値を提供する仕事か？

(2)　それはどのようなプロセスで行われるのか？

(3)　その仕事で重視される付加価値は何か？

(4)　仕事の結果がもたらす影響の範囲は？

【組織面での働き心地】

(1)　どのような組織風土・環境で働くのか？

(2)　一緒に働く仲間とのコミュニケーションスタイルは？

(3)　かかわる人数や個人プレー・協働プレーの割合は？

(4)　評価基準や評価プロセスが定量的か定性的か？

「より多くの人々の課題を解決したい人」「限られた人数であっても確実に満足を増やしたい人」「最先端の知識を吸収・活用していきたい人」「自分の足跡が残る仕事がしたい人」「チームワークで大きな目標をクリアしたい人」「個人技を磨き上げて達成

感・成長感を味わいたい人」……。さて、あなたが仕事に求める働き心地は何ですか？　こんなものさしで適職探しをしてみると、これまで見つけられなかった新しい発見があるかもしれません。

❖35歳でも遅くない！　市場価値が高められる人の共通点

「必要とされる人材」の定義は、静かに大きく変化しています。

ちょうど20年前、1997年を起点に始まった雇用の潮流変化は、90年代半ばから全世界で急速に普及したインターネットと、日本固有の経済環境の変化（バブル崩壊で大手証券会社が廃業するなど）の2つが引き金となりました。具体的には、終身雇用制度や年功序列制度が実質的に崩壊しはじめ、代わりに成果型報酬や雇用形態の多様化を大きく進める状況を生みました。

さらにここ数年は、若年人口の減少やリーマン・ショックからの立ち直りなどによる求人需要の増加を受けて、ダイバーシティ（多様性）やブラック企業問題、外国人の受け入れ、在宅ワークや働く女性のための環境整備など、雇用市場を取り巻く環境が加速度的に変化しています。

また、深く静かに進行しているのが「企業に必要とされる人材像」の変化です。この変化は、景気の浮き沈みにかかわらず、今後の企業の生き残りと連動しているため、決して以前の状態に戻ることはなく、少しずつ速度を上げていくことになりそうです。

ここでは、こうした状況の中で、35歳という雇用の需給転換点を越えても、相対的に高い市場価値を発揮し続けられる人材の共通点を整理してみました。

①「固定観念に縛られない思考」ができる人

「キャリアを構築していくためには、これまで経験してきたことを生かすしかない」

「年収やポストが上がらなければ、キャリアアップ転職にならない」

「自分の価値を高めるには資格を取得しておかなければいけない」

転職のご相談を受けるとき、このような考えを強く語る方と出会うことがあります。どの意見も、もちろんご本人がそう考える理由も十分理解できますし、それが間違っているというわけでもありません。ただ、転職するにあたって「～しかありえない」「～であるべきだ」「～でなければ意味がない」という前提条件が多ければ多いほど、転職活動そのものが硬直的になりやすく、選択肢が非常に狭まってしまいます。

また、このタイプの方は、うまく転職先が見つかったとしても、担当する業務へのこだわりの強さから「この業務は自分には経験がないから自信がない」「強みを発揮できないから貢献できない」と考え、入社した企業との間で齟齬《そご》が生まれやすくなります。企業から見ると「経験は豊富だが、業務をより好みする扱いづらい人」という印象が生まれ、結果的に転職してまもない段階で離職せざるをえなくなるという、お互いにとって不幸なミスマッチが起こりやすい傾向があります。

一方で、「キャリアアップの定説」とされてきたことにこだわり過ぎず、自分のチカラ（専門的技能より汎用的なスキル）を生かして貢献できる居場所を幅広く見ようとする方は、結果的に長く活躍できる傾向があります。慣れない環境で、ご本人の吸収意欲も高まることや、自分の経験やスキルを応用してなんとか貢献しようとするスタンスも功を奏して転職直後の印象がよいことから、周囲の支援も集まりやすいためです。

②　自尊心が過去よりも未来にある人

自己信頼やプライドを持っておくことは、精神的に余裕をもって働くために不可欠です。ただ、その自信の根拠が、仕事上の業績や経歴、年収など「過去のもの」に偏りすぎると、周囲とのかみ合わせがうまくいかなくなる傾向があります。

大変な努力をして難関大学を卒業したこと、激しい競争を勝ち抜き有名企業に入社したこと、高い壁を乗り越えて仕事で成果を生み出したこと、実績が社内で評価され重要なポストを任されたこと、それに連動して収入が増えてきたこと。どれもこれもご本人のたゆまぬ努力が実を結んだ、大切な成功体験であることは間違いありません。また、それらの成功体験によって自己信頼やプライドを積み上げてきた歴史も、胸を張って誇れるものだと思います。

「私は前職の大企業でこんな実績を残してきた」
「あの時の大規模プロジェクトを成功させられたのは、こんな努力をしたからだ」
「重責のポストを任され、高年収で処遇されてきた」

転職先の業界が前職と近いとか、前職より規模が小さい会社に移った場合、最初はそれらの勲章も光り輝いて見える傾向はありますが、過去の成功体験を語り過ぎると

「昔取ったきねづかを振り回して威張っているだけの人」というイメージが周囲に広まり、煙たがられる存在になってしまいます。「過去の成功体験をよりどころにしている人＝過去の人」と思われ、周囲の期待値を低下させる一因になってしまうからです。

逆に、過去の成功を胸に秘めながらも、そこからエッセンスやノウハウを抽出し、目の前の課題を解決する方法論を考えられる人は、周囲の期待値を高めやすくなります。「過去の知識を生かして、一緒に新しい成功体験をつくりだせる人＝未来の人」という見え方になるからでしょう。そうした方にインタビューすると、たいていの場合「過去にあれだけの苦労を克服できたのだから、自分たちはもっと難易度の高い壁も乗り越えられるはずだ」という自己信頼が見え隠れします。

同じ時代を生き、似たような成功体験を持っていても、それを過去の中に封印してしまうか、未来に生かそうとするかという自尊心の置き方の違いで、市場価値が激変する興味深い事例といえるでしょう。

③　慎重すぎず、無謀でもない決断ができる人

自分自身のキャリアや市場価値を高め続けていくためには、能動的な選択をする必要があります。会社から与えられるミッションや機会を受動的に待っているだけでは不十分だということです。

しかし、キャリア形成には一定の時間がかかるものなので、自分自身でキャリアをコントロールするための大きな選択は、しょっちゅうできるものではありません。特に長い期間、１つの会社で経験を積み上げてきた場合など、知らない間に受動的に会社の方針をのみ込んでしまう習慣が身につき、慎重になり過ぎてしまう方もいます。そういう方は事業不振やそれをきっかけとしたＭ＆Ａ（合併・買収）などでリストラが始まってから、難しい転職活動を強いられることになりがちです。

逆に、機が熟していないのに早すぎる決断をしてしまい、気が付くと転職回数がやたらと増え、後悔する方もたくさんおられます。転職市場ではその両極端のケースが多く、それだけタイミングよく意思決定することの難しさを表していると思います。

自分の市場価値を継続的に高めていくためには、経済環境の変化や人との縁などのタイミングを読みながら、人生で数少ない意思決定のカードを切って、ベストな道を

つくっていくための決断力は不可欠です。社内だけではなく、社外の友人との付き合いや、常日頃の情報収集は、そういう局面で必ず役に立つはずです。

④ 新たなことを学ぶのが好きな人

転職市場で市場価値を高め続けられる人のもう1つの特徴は、学習継続能力（ラーニングアビリティー）です。自分の専門領域を深めるための学びも重要ですが、むしろ新たな学びを自ら取り入れられる人のほうが、より多様な企業から必要とされる傾向が強くなります。

ただし、知識の「深さ」よりも「面積」が重視されているからというわけではありません。あらゆるモノがネットにつながるＩｏＴに代表されるように、あらゆるビジネスジャンルにインターネット活用が起こり、技術変革や戦略変容が必要となっているという背景が影響しています。また、学習継続能力が評価される理由には、過去の知識スキル資産の上にあぐらをかかず、新たな知識を取り入れようとする柔軟性を示す根拠になりやすいという側面もあります。

⑤　他者に肯定的で、自責思考の強い人

「他者に対して肯定的」というと、単にお人よしなキャラクターとか、包容力がある人というイメージがあるかもしれませんが、ここでは誰かが新しいことに挑戦して失敗したときに、そのケーススタディーから学ぶ力をどれだけ持っているかという意味合いで使っています。この傾向は、経験が豊富でマネジメント能力を求められる役割の採用で、求められる資質に挙げられることが増えています。

過去の勝ちパターンが通用しづらくなった時代だからこそ、定石を超えたチャレンジに敬意を払い、失敗からも次につながるヒントを見きわめられるかどうかの価値が大きくなってきているのかもしれません。自責思考も同様で、何らかのトラブルがあった場合に失敗をくよくよ悔やむという意味ではなく、失敗要因を冷静に振り返り、主体的に、次の一手につなげることができるかどうかという観点です。過去の勝ちパターンが通用しにくくなり、また新しい勝ちパターンの寿命も短くなっているからこそ、トライ&エラーを高速で繰り返していく能力が従来に増して強く求められているのだと思います。

周囲に対する寛容性や自責性は円滑なコミュニケーションの原則なので、複雑化・

専門化して、多様な価値観やスキルをもつ仲間と連動する仕事が増える中で、より高いレベルの力が求められているという側面も大きいでしょう。コミュニケーションが重視される背景にも、「過去からの延長」で未来を見る時代が終わり、「変化することを前提」に仕事に取り組んでいけるチカラが不可欠になっていることが顕著に現われていると考えています。

❖未来は自分の頭で考えるしかない

「今から10年後の2025年。1967〜74年生まれの団塊ジュニア&バブル入社世代は、人口数が他の世代よりも多いことにより、今後さまざまな雇用問題に巻き込まれる。たとえば、40代で役職に就けるのは、20年前の7割から現在の5割、今後さらに落ち込みが激化する。役職につけない人はさらにやる気をなくし、大企業勤務者が多いため出向や転職先になる中小企業にも嫌われ、受け入れ先がなくなっていく」

リクルートワークス研究所が発表した「2025年の働く予測」および「次世代シニア問題への処方箋」という研究資料は、まさに現・アラフォー世代の未来を予言する内容となっています。もちろん悲観的なシナリオで脅かしてやろうという意図ではなく、あらゆるデータを駆使して客観的に予測したリアルシナリオです。さらには、処方箋というタイトル通り、その問題にどう対応していくべきかのアイデアが多数語られています。

退職年齢選択制、ワークシェアリング、自律したキャリア形成を促す研修サポート、大都市と地方の転職支援機構、社会保障制度の再編など、いかに長く働ける環境をつくるかという観点では、どれもうなずける対策案です。

ただ、ここで重要なことは「企業が対応すべきこと」「行政が対応すべきこと」ではなく「個人が対応すべきこと」を切り分けて考えることです。マクロな提言によって、社会や企業が〝変わってくれる〟ことを期待する前に、やはり個人としてこういう未来とどう向き合い、どんな準備を始めるかということだと考えます。同研究所によると「40歳を過ぎて、同期120人の中で会社に残っているのは70人。そのうち課長になっているのは5人だけ」というケースもありました。そんな世界が当たり前になるとしたら、どう受け止め、どう動くべきか。出世と昇給だけが意欲の源、という環境に慣らされてきた自分を、客観的にどう見つめ、どう変化させるべきか。

いずれも言葉にするのは簡単でも、日々の行動習慣や長い時間当たり前だと思ってきた常識を変えるのは、きわめて難しい大問題ということは承知の上です。しかし、35歳以上のミドル向けの転職支援サービスを仕事にしている私からすれば、自分をどう変化させるかという問題は、決して10年後の話ではなく、今考えておくべき重要なテーマだと確信しています。

ただ、残念ながら、その問いに正解はありません。問題を解くためのマニュアルもありません。毎日、転職を希望される方々と面談をしている中で痛切に思うことは、自分にとっての正解は、自分の頭で考えるしかないということです。自分の中にある〝常識〟は、実はほとんどが周囲の環境や慣習に刷り込まれたものかもしれません。あなたは、その〝常識〟にいつまでとらわれ続けますか？　自分の人生の満足度を左右する課題に、自分自身が主体的に向き合い、自分が主導権を持って、ぜひ素晴らしい仕事人生を手に入れていただきたいと思います。

黒田真行（くろだ・まさゆき）

1965年生まれ。1989年、関西大学法学部卒業後リクルート入社。B-ing、とらばーゆ、フロム・エーの関西版編集長などを経て、2006年から8年間、転職サイト、リクナビNEXTの編集長を務める。2011年以降は、メディア事業と人材紹介事業の再編に関わり、転職市場のデータベース化とプラットフォーム化を推進してきた。2014年6月、株式会社リクルートキャリアを退職。中途採用市場の積年の課題であった「ミドル世代の適正なマッチング」をメインテーマと設定し、ルーセントドアーズ株式会社を設立、代表取締役に就任。

ルーセントドアーズ株式会社
URL: http://lucentdoors.co.jp/

35歳以上のミドル世代専門に転職支援を行う
職歴打診型の転職支援サービス
「Career Release40（キャリアリリース40）」
URL: https://cr40.jp/register/

転職に向いている人
転職してはいけない人

2017年 5 月24日　1刷
2017年10月23日　2刷

著　者　黒田真行

発行者　金子 豊

発行所　日本経済新聞出版社
http://www.nikkeibook.com/
東京都千代田区大手町1-3-7　〒100-8066
電話番号　03-3270-0251（代）

印刷・製本　凸版印刷

DTP　マーリンクレイン

装　幀　石間 淳

ISBN 978-4-532-32146-8　Printed in Japan